JN132616

気づく力 築く未来 学習ノート もくじ

My Profile 自己紹介しよう

一緒に家庭科を学ぶあなたについて教えてください。

（ふりがな）

名前

似顔絵・ニックネーム

中学校の家庭科で学んだことは？

分野 （学習したものに○）		実習したこと （つくったものなど）
家族・家庭		
保育・福祉		
食生活		
衣生活		
住生活		
消費者		

高校の家庭科ではどんなことを学びたいですか？　学習したい分野に○

自分・家族	子ども	高齢者	社会福祉	食生活	衣生活	住生活	消費経済・環境

（具体的に）

教科書のもくじや見開きを見ながら考えよう。

次の言葉を使って自己紹介しよう。

自分の好きなこと・もの

得意なこと／将来の夢／自分にとって家庭科は……

中学校までの家庭科の学習で，生活に役立ったこと，印象に残ったことを書き出そう。

先生へのメッセージ

（授業の希望や今後の抱負など）

年	組	番	名前	検印

生活課題を発見し，解決しよう

教 p.2 ～ 6

1. 課題を発見しよう。

各分野において，自分が理想とする生活をそれぞれあげてみよう → 現在自分はどのような生活を送っているのか思い出して書いてみよう → 理想の生活へ向かうためには何をしたらよいのかを考えよう →

	1 理想とする生活	2 現在の自分の生活	3 理想の生活に向けて
家族・家庭生活			
食生活・衣生活・住生活			
消費・経済・環境			

2. 課題解決方法を考えよう。

	（課題）	

3. ホームプロジェクトのテーマをチェックシートで見つけよう。

チェック項目			☑	テーマの例など
家族・家庭生活	1	自分の就きたい職業が決まっている	□	「私の職業―スペシャリストにインタビュー―」
	2	自分の結婚や子どもの誕生に理想がある	□	「私の未来予想図 ―人生すごろく―」
	3	乳幼児が気になる，身近に乳幼児がいる	□	「遊びからいろんなものが見えてきた！」
	4	家族に関する法律に興味がある	□	「家族って何だろう？　家族のカタチ」
	5	家族とよく話す	□	「家族のために大作戦」
	6	家事にはどのようなものがあるか知らない	□	「家事について ―内容と分担―」
	7	高齢者が気になる，身近に高齢者がいる	□	「介護サービスのいろいろ」
	8	バリアフリーやUDに興味がある	□	「UD(ユニバーサル・デザイン)って何？」
食生活・衣生活・住生活	9	食事バランスや体調管理が気になる	□	「カルシウム貯金生活」
	10	調理や食べることが好き	□	「元気が出るお弁当」
	11	食の安全性が気になる	□	「輸入食品の安全性について」
	12	日本や世界の食文化に興味がある	□	「和食のよさをＰＲしよう」
	13	ファッションに興味がある	□	「素敵にコーディネイト」
	14	裁縫や手芸が好き	□	「心をこめてハンドメイドを」
	15	服の不用品が気になる	□	「死蔵衣服をおしゃれリメイク」
	16	洗濯など服の手入れに興味がある	□	「洗剤ソムリエをめざして」
	17	インテリアに興味がある	□	「家具の配置を変えてみたら…」
	18	整理整頓，収納が気になる	□	「便利グッズを使ってビフォーアフター」
	19	屋内の安全，防災について興味がある	□	「わが家の防災用品を考える」
	20	地元，地域社会に興味がある	□	「町の魅力を探してみよう」
	21	暮らしの移り変わりに興味がある	□	「ごみの処理法，今昔，そして未来は？」
消費・経済・環境	22	よく衝動買いをしてしまう	□	「商品の特徴を比較してみよう」
	23	お金や経済の話が気になる	□	「キャッシュレス化について調べてみた」
	24	広告などの生活情報が気になる	□	「広告を批判的思考で見てみると…」
	25	インターネットでよく買い物をする	□	「ネット通販で失敗しないために」
	26	エコも含め環境問題に興味がある	□	「水の使用量を見直そう」
	27	グローバルな社会問題に興味がある	□	「フェアトレードの現実」
その他	28	制度や行政の問題で気になることがある	□	→改善策を考えてみる
	29	本やインターネットで調べることが好き*	□	→分布や推移を調べてみる
	30	人と接することが好き	□	→インタビューを体験してみる
	31	絵を描くことが得意	□	→マップや漫画を描いてみる
	32	ものをつくることが得意	□	→製作してみる，再現してみる

＊参考文献の著者名，書名，インターネットのURLは記録しておこう。

年 組 番 名前 検印

4. チェックシートでチェックした項目・テーマをいくつか重ねて，ホームプロジェクトのテーマを決めよう。

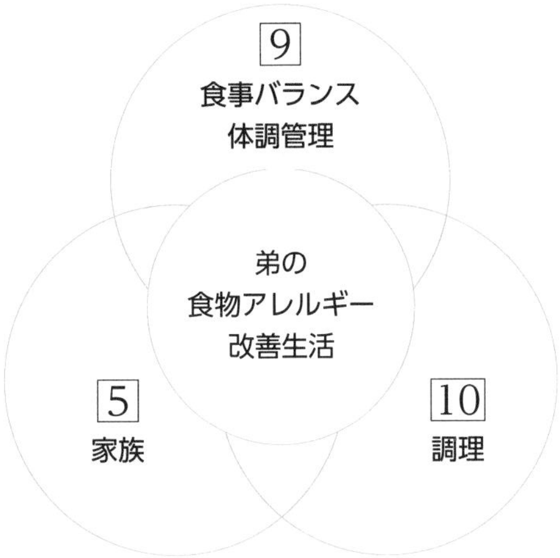

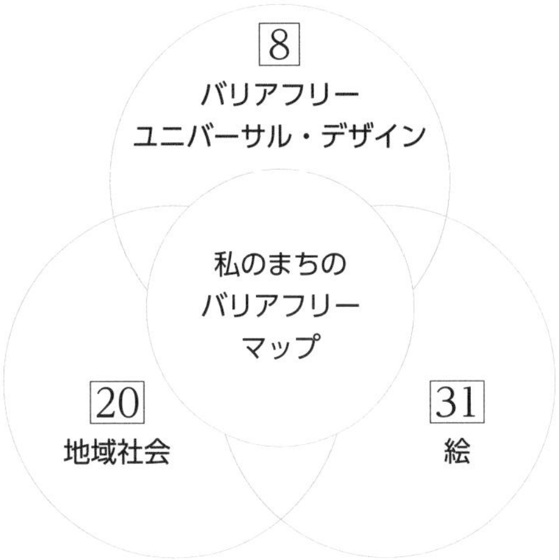

項目（　　）	

＋

項目（　　）	

＋

項目（　　）	

↓

ホームプロジェクトのテーマ

5. 実施計画を立てよう。

テーマ設定の理由		
実施計画	月　日～ 月　日	実態調査
	月　日～ 月　日	問題点の把握
	月　日～ 月　日	実践
	月　日～ 月　日	まとめ
参考資料		
提出日　年　月　日	年　組　番 名前	

1 自分の未来予想図を描こう ～生涯発達と発達課題

教 p.12～13

1 人生を展望しよう 教 p.12～13

★ **1. ライフステージと生涯発達について，(　　)のなかに適語を記入しよう。**

▶人の一生には，いくつかの大きな節目がある。年齢に伴って，多くの人が通過すると考えられる人生の段階のことを，(1　　　　　　)という。(1　)で経験する人生の節目となるできごとのことを(2　　　　　　)という。

(1　)において直面するその段階ならではの発達課題を乗りこえて，自分自身を一回り大きく成長させていく人生のありようのことを，(3　　　　　　)という。

★★ **2. ライフイベントにはどのようなものがあるか，答えよう。**

4

★ **3. ライフステージにおける発達課題について，ライフステージの名称を答えよう。また，各ライフステージにおける発達課題を選択肢からすべて選び，記号で答えよう。**

ライフステージ	(5　　　)期	(6　　　)期	(7　　　)期	(8　　　)期	(9　　　)期
発達課題	10	11	12	13	14

ア　だれと共に暮らすかの選択・決定　　イ　五感による感性の発達
ウ　精神的自立／生活面・経済的な自立の準備　　エ　生活文化や経験の伝承
オ　基礎学力の習得　　カ　職業を通しての自己実現
キ　職業能力を発達させるための学習・資格取得　　ク　言語の習得
ケ　生きがいとしての学び　　コ　自我の形成
サ　生活面の自立の基礎の習得，家族の一員としての自分の役割と協力
シ　職業上の責任・課題

memo

★★★ **4.** **これからの自分のライフイベントや発達課題を考え，p.10 ～ 11 を参考に自分の未来予想図を描こう。**

18 歳 高校卒業	5 ______ 歳
1 ______ 歳	6 ______ 歳
2 ______ 歳	7 ______ 歳
3 ______ 歳	8 ______ 歳
4 ______ 歳	9 ______ 歳

10 ______ 歳 までの人生

2 これからの人生をデザインする

教 p.14 ～ 15

1 生活設計

教 p.14

★ **1.** **生活設計の方法について，(　　)のなかに適語を記入しよう。**

▶一度きりの限りある人生を自分らしく生きるために，青年期の今からこれからの(1　　　　　　　　)を展望することを，(2　　　　　　)という。(2　)を考えるうえで，「(3　　　　　　　)」を想定し，そのための準備をし，計画を立て，実行し，振り返り評価して再度実行するという(4　　　　　　　　　　　　　　　　)にのっとって考えてみよう。

★★ **2.** **生活資源とはどのようなものか，説明しよう。**

5

memo

1 自立と共生

教 p.16～19

1 自立とは 教 p.16

★★★ **1.** Activity「自立度チェック！」をしてみて，気づいたことをまとめよう。

✎ 1

2 青年期を生きる 教 p.17

★ **1. 自立に向けたスタートについて，(　　)のなかに適語を記入しよう。**

▶ (1　　　　　　)は，将来への準備段階として，生涯(しょうがい)のなかでこれからの自分の進む(2　　　　　　)を決める第一の分岐点(ぶんきてん)となる時期である。(3　　　　　　)ということは，一朝一夕(いっちょういっせき)に実現できることではない。いつも(4　　　　　　)を忘れずに，前を向いて歩んでいきたい。

★ **2. 青年期の愛と性について，(　　)のなかに適語を記入しよう。**

▶ 子どもから大人へ移行する過渡期(かとき)にある青年期は，(5　　　　　　)によってからだに急激な変化が現(あらわ)れ，生物としての(6　　　　　　)に対する自覚が高まる。パートナーの対象として想定される(7　　　　　　)は，必ずしも異性とは限らない。青年期は(8　　　　　　)が高まり，他者と親密な関係を結びたいという思いと共に，社会のモラルや慣習との間で，(9　　　　　　)を感じ，自分に対する(10　　　　　　)な意識や(11　　　　　　)を抱(いだ)くこともある。

★ **3. 性と生殖(せいしょく)に関する権利について，(　　)のなかに適語を記入しよう。**

▶ 1994年の国際人口・開発会議において確認された「(12　　　　　　)」のことで，(13　　　　　　)といわれる。(14　　　　　　)や(15　　　　　　)などのからだの健康にかかわることがらについて，すべてのカップルや個人の権利を保障し，それぞれの意思を尊重しようとする考え方をいう。

★★ **4.** LGBTとはどのようなものか，説明しよう。

✎ 16

memo

3 共に生きる　教 p.18 ～ 19

★ **1. 男女共同参画（さんかく）社会の推進に関する法律について，当てはまる法律名を記入しよう。**

法律名	内容
(1　　　　)	1992 年 4 月に施行された育児休業法が 1995 年に改正された。育児休業および介護休業に関する制度や子の看護休暇および介護休暇に関する制度を設けることなどが明記されている。
(2　　　　)	1999 年 6 月に公布・施行。第 4 条では，社会における制度や慣行が「男女の社会における活動の選択に対して及ぼす影響をできる限り中立なものとするように配慮されなければならない」としている。
(3　　　　)	2015 年 9 月に施行。自らの意志によって職業生活を営（いとな）み，または営もうとする女性がその個性と能力を十分に発揮（はっき）できるようにするために，地方公共団体や民間事業主に基本方針の策定（さくてい）を義務づけ，女性の職業生活を支援することを目的としている。

★★★ **2. 男性が家事，子育て，介護，地域活動に積極的に参加するために必要なことは何か，資料6 なども参考に考えてみよう。**

4

memo

2 ライフキャリア

教 p.20 ～ 23

1 仕事をする 教 p.20 ～ 21

★ **1. 仕事に就く意義について，（　）のなかに適語を記入しよう。**

▶仕事をすることにより，生活に必要な（1　　　）を得ることができる。

▶社会的な（2　　　）の一端を担う。

▶社会的な（3　　　）を受ける機会となる。

▶幅広い（4　　　）を築くことや多様な（5　　　）を積むことによって，スキルや（6　　　）を高めて自己を（7　　　）させることができる。

★ **2. さまざまな働き方について，（　）のなかに適語を記入しよう。**

▶就業形態には，（8　　　），（9　　　），（10　　　）がある。

▶雇用には，（11　　　）と（12　　　）（契約社員，派遣社員，パートタイマー，アルバイトなど）がある。

▶（13　　　）とは，「tele ＝離れた所」と「work ＝働く」を合わせた造語で，ICT を活用した，（14　　　）や時間にとらわれない柔軟な働き方である。

▶入社から定年まで，雇用が保障される雇用慣行を（15　　　）制度という。

▶労働者の年齢，勤続年数または経験年数に応じて決定される賃金制度を（16　　　）賃金制度という。

★★ **3. 働き方改革とはどのような取り組みか，説明しよう。**

17

2 職業労働と家事労働 教 p.22

★ **1. 職業労働と家事労働について，（　）のなかに適語を記入しよう。**

職業労働	家事労働
（1　　　（2　　　））ともいわれ，生活の（3　　　）を得ることができる仕事。	（4　　　（5　　　））ともいわれ，（6　　　）を伴わない仕事。

3 働く人を支える社会 教 p.22 ～ 23

★ **1. 労働三法について，当てはまる法律名を記入しよう。**

法律名	内容
(1)	労働者が事業者との交渉(こうしょう)において対等の立場に立つことを促進(そくしん)し，労働者の地位の向上をはかることを目的とした法律。
(2)	労働契約や賃金，労働時間，休暇など労働条件の最低基準を示した法律。
(3)	労働関係の公正な調整をはかり，労働争議の予防または解決を目的とした法律。

★★★ **2. 資料8・資料9を見て，女性の雇用状況に関する課題は何か，また，その課題の解決に向けてどのような取り組みが必要だと考えられるか，まとめよう。**

課題	4
取り組み	5

4 生活時間を考える 教 p.23

★ **1. 生活時間について，(　)のなかに適語を記入しよう。**

▶時間は，睡眠や食事などの(1)生活時間，職業・家事労働や学業などの(2)生活時間，娯楽や趣味，社会活動などの(3)生活時間などに区別される。

memo

3 共に生きる家族

教 p.24～27

1 家族って何だろう　教 p.24

★ **1. 家族について，(　　)のなかに適語を記入しよう。**

▶家族などが共同で暮らしを営(いとな)む生活の場を(1　　　　　)という。

▶住居と生計を共にする集団を(2　　　　　)という。

▶認知症の高齢者や，知的障がい者・精神障がい者が，在宅に近い環境で，日常生活のサポートを受けながら，少人数で共同生活を営む場所を(3　　　　　　　　　)という。

★★★ **2. あなたが自分の家族だと思う人たちを書き出してみよう。また，どうしてその人たちを家族と思うのか，あなたの考えをまとめよう。**

4

2 ライフサイクルと家族　教 p.25

★ **1. ライフサイクルと家族について，(　　)のなかに適語を記入しよう。**

▶生まれた子どもの成長を支える家族を(1　　　　　)という。

▶生活を共にするパートナーと出会い，自分自身でつくっていく家族を(2　　　　　)という。

▶男女が婚姻(こんいん)届を出す法律婚に対し，出さないことを主体的に選択して共同生活を営む場合を(3　　　　　)または(4　　　　　　　)という。

3 高齢期の家族　教 p.25

★ **1. 高齢期の家族について，(　　)のなかに適語を記入しよう。**

▶自分が生育家族から独立したように，成長した自分の子どもも独立して(1　　　)のもとを去っていく。(1　)としての役割が終わり，職業の第一線から退くと，(2　　　　)の新しいステージが始まる。(3　　　　　)の場合も退職後の新しいステージが始まる。この新しいステージをどのようにデザインすればよいか，若いうちから考え，(4　　　　)しておく必要がある。

memo

年　組　番　名前　　　検印

4 変化していく世帯構成と家庭の機能　教 p.26

★ **1. 世帯構成の分類について，(　　) に入る適語を選択肢から選び，記号で答えよう。**

<table>
<tr><th colspan="3">一般世帯</th><th colspan="2"></th><th>施設などの世帯</th></tr>
<tr><td colspan="3">(1　　　) 世帯：結婚や血縁などの関係がある人を中心に構成されている世帯</td><td rowspan="2">(4　　　) 世帯：友人同士など親族関係にない者同士からなる世帯</td><td rowspan="2">(5　　　) 世帯：単身で暮らしている世帯</td><td rowspan="2">寮・寄宿舎の学生・生徒，病院・療養所の入院者，社会施設の入所者の集まりなどをいう</td></tr>
<tr><td>(2　　　) 世帯：夫婦のみの世帯，夫婦(あるいはその一方)と未婚の子どもからなる世帯</td><td>(3　　　) 世帯：親と，結婚した子どもの家族から構成される世帯</td><td>その他の親族世帯</td></tr>
</table>

ア　直系家族　　イ　核家族　　ウ　親族　　エ　非親族　　オ　単独

★ **2. 世帯構成の変化について，資料13 を見て，(　　) のなかに適語を記入しよう。**

▶近年の傾向として，(6　　　　) 世帯の増加が著しい。これはひとり暮らしをする高齢者が増加したことなどが原因である。一方，(7　　　　) 世帯は，全世帯に占める割合が50%をこえ最も高いが，近年は減少している。また，(8　　　　) 世帯やその他の親族世帯も減少している。

5 家族の抱える問題とそのサポート　教 p.27

★ **1. 家庭内の暴力について，(　　) のなかに適語を記入しよう。**

▶ 1980 年代から，子どもに対する親などの虐待が問題となり，2000 年に (1　　　　　　　　) が施行された。配偶者や恋人からの暴力 (DV) も大きな問題である。2001 年に (2　　　　　　　　　　　　) が成立し，社会的取り組みが始まった。

また，介護の必要な高齢者の増加に伴い，介護疲れによる無理心中や，高齢者虐待の相談・通報件数も増加しており，2006 年には (3　　　　　　　　) が施行された。

★★★ **2. 家族の抱える問題 (家族内の暴力，貧困など) を解決するために，自治体や地域住民のどのようなサポートが必要か，考えてみよう。**

4

memo

4 家族に関する法律

教 p.28～31

1 家族法の理念と背景 教 p.28

★ **1. 家族法の理念と背景について，(　　)のなかに適語を記入しよう。**

▶(1　　　　　　)には，家族に関する法律の理念が定められている。具体的には「(2　　　　　)と(3　　　　　　　　)の上に制定されなければならない」とあり，現行の(4　　　)でも重視されている。

▶旧民法(明治民法，1898 年施行)の理念は，(5　　　　　　)にもとづいていたが，1947 年の民法改正において(6　　　　　)が全面的に改正されたことにより(5　)は廃止された。

★ **2. 旧民法(明治民法)と現行民法について，(　　)のなかに適語を記入しよう。**

項目	旧民法(明治民法)	現行民法
施行	1898 年	1948 年(改正は 1947 年)
理念	「(7　　　)」の繁栄，存続(戸主の権限強，男尊女卑(だんそんじょひ))	(8　　　　)の尊厳，(9　　　　)の本質的平等
結婚	(10　　　　)の同意が必要 男性 30 歳，女性 25 歳まで親の同意	(11　　　　)の合意のみ
夫婦	(12　　　　　　)は夫のみ 同姓((13　　　)の姓)	権利・義務は(14　　　　) 同姓(夫または妻の姓)
親子	子の(15　　　　)は原則として父親のみ	父母の(16　　　　　)
相続	(17　　　　　　)(男子優先)	(18　　　　　　)(配偶者と子)

2 時代に応じた民法改正 教 p.29

★ **1. 近年の民法の主たる改正点について，(　　)のなかに適語を記入しよう。**

内容	改正前	改正後
婚内子(こんないし)・婚外子(こんがいし)の相続分	婚外子は婚内子の(1　　　　)	(2　　　)
再婚禁止期間	女性のみ(3　　　　)日	廃止
婚姻最低年齢	男満(4　　　)歳，女満(5　　　)歳	男女とも満(6　　　)歳

★★★ **2. 選択的夫婦別姓制度の導入について，考えてみよう。**

7

3 家族に関する法律 （教 p.30 ～ 31）

★ **1.** **夫婦，親子，扶養，相続に関する法律について，(　　)に入る適語を選択肢から選び，記号で答えよう。**

▶民法には，「夫婦は，(1　　　)・(2　　　)・(3　　　)の義務を負う」と定められている。財産については，各自が財産を所有する(4　　　)がとられている。

▶離婚する時，未成年の子がいる場合には，(5　　　)を決め，離婚届に記載する必要がある。

▶親子関係は，民法上，血縁による(6　　　)関係と，養子縁組による(7　　　)関係がある。未成年の子に対し，原則として父母は(8　　　)となる。

▶民法では，夫婦の他，(9　　　)と兄弟姉妹は互いに(10　　　)があると定めている。

▶相続は(11　　　)のある場合はそれを優先し，ない場合は(12　　　)となる。財産の一定割合は(11　)でも自由にできない(13　　　)がある。

ア　別産制	イ　遺留分	ウ　遺言	エ　実親子	オ　法定親子	カ　直系血族
キ　同居	ク　扶助	ケ　協力	コ　扶養義務	サ　法定相続	シ　親権者
ス　共同親権者					

★★ **2.** **相続について，2,000 万円の遺産があった場合，それぞれの法定相続分はいくらになるか，(　　)のなかに記入しよう。**

例1　配偶者・婚内子(1人)

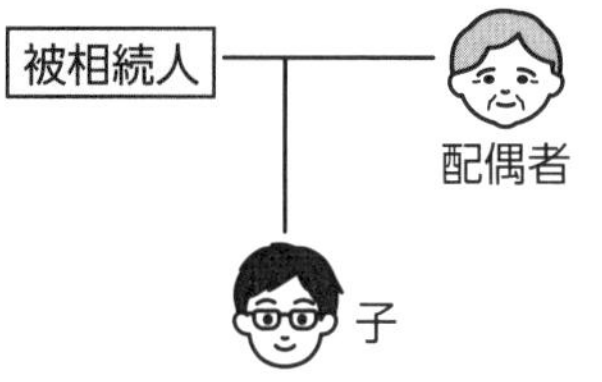

配偶者 (14　　　　　)円
子　　(15　　　　　)円

例2　配偶者・婚内子(2人)

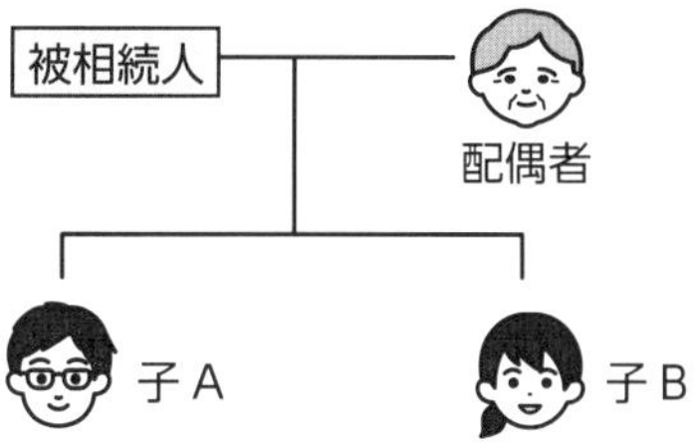

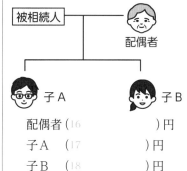

配偶者 (16　　　　　)円
子A　(17　　　　　)円
子B　(18　　　　　)円

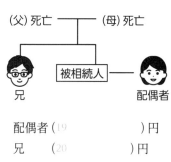

例3　配偶者・兄弟姉妹(1人)

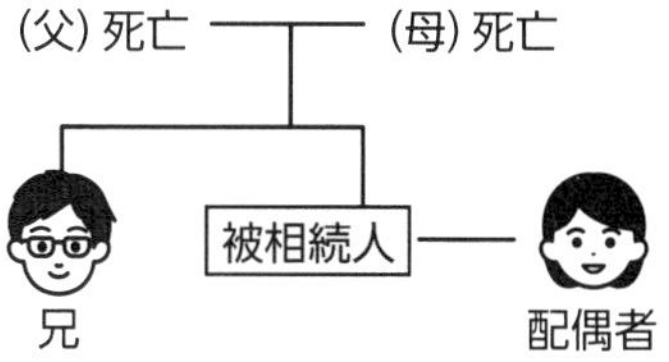

配偶者 (19　　　　　)円
兄　　(20　　　　　)円

memo

章末Learning » 1章・2章

QR

確認してみよう

1 年齢に伴(ともな)って，多くの人が通過すると考えられる人生の段階のことを何というか。

2 2018 年 6 月に民法が改正され，成年年齢が引き下げられた。20 歳から何歳に引き下げられたか。

3 妊娠や出産などのからだの健康にかかわることがらについて，すべてのカップルや個人の権利を保障し，それぞれの意思を尊重しようとする考え方を何というか。

4 1999 年 6 月に公布・施行され，社会における制度や慣行が「男女の社会における活動の選択に対して及ぼす影響をできる限り中立なものとするように配慮されなければならない」とした法律を何というか。

5 入社から定年まで，雇用が保障される雇用慣行を何制度というか。

6 職業労働は，収入を伴う「有償(ゆうしょう)労働（ペイドワーク）」であるが，家事労働のような報酬(ほうしゅう)を伴わない労働を何というか。

7 憲法第 28 条により，労働者が集団となることで使用者と対等な立場で交渉(こうしょう)できる権利が保障されている。団結権，団体交渉権，団体行動権（争議(そうぎ)権）の三つの権利をまとめて何というか。

8 労働者を守る具体的な法律である労働三法のうち，二つは労働組合法，労働関係調整法である。もう一つは何か。

9 職場における男女の均等な取扱いを規定した法律を何というか。

10 住居と生計を共にする集団を何というか。

11 人は一生のうちに二つの家族を経験するといわれている。一つは，生育(せいいく)家族，もう一つは自分自身でつくっていく家族である。この家族を何というか。

12 男女が婚姻(こんいん)届を出す法律婚に対し，出さないことを主体的に選択して共同生活を営(いとな)む結婚の形を何というか。

13 世帯を把握(はあく)する最も大規模な調査で，5 年に 1 回実施される調査を何というか。

14 子どもに対する親などの虐待(ぎゃくたい)が問題となり，2000 年に施行された法律を何というか。

15 配偶者やパートナーからの暴力の防止と，被害者の保護救済のため，2001 年に成立した法律を何というか。

16 市民生活における財産や家族に関する規定を定めた法律を何というか。

17 旧民法における相続の方法で，新戸主がすべての財産権利を単独で相続する相続方法を何というか。

18 夫婦が望む場合には，結婚後も夫婦がそれぞれ結婚前の姓を称することを法的に認める制度を何というか。

19 民法では，夫婦の他，直系血族と兄弟姉妹(けいていしまい)は互(たが)いに何の義務があると定められているか。

20 相続人が配偶者，婚内子２人，婚外子１人で，被相続人の財産が 1,200 万円あった場合，婚外子の法定相続分はいくらになるか。

Plus 1 夫婦別姓についてどう考える？

選択的夫婦別姓制度の導入について，1996 年の法制審議会答申を受け，法務省において 1996 年，2010 年にそれぞれ改正案が準備されたが，さまざまな意見があることなどから，いずれも国会に提出するにはいたっていない。2015 年 12 月，および 2021 年６月に最高裁は，夫婦同姓の規定は合憲と判断した。

❶夫婦同姓，夫婦別姓それぞれのメリット・デメリットをあげてみよう。	夫婦同姓	夫婦別姓
❷選択的夫婦別姓制度について，賛成・反対・どちらともいえないのどれかを選び，その理由を書いてみよう。	賛成・反対・どちらともいえない	
❸❷で考えた各自の意見について，グループで話しあってみよう。	話しあいから出た単語や要素を書こう。 どのような結論が出たか。結論が出なかった場合はその内容を書こう。	
❹話しあいをして感じたこと，感想などをまとめよう。		

1 子どもとは

教 p.38 ~ 41

1 子どもの誕生 教 p.38 ~ 40

★★ **1. 育児性とはどのようなことか，説明しよう。**

1

★ **2. 胎児に悪影響を及ぼす主なものについて，当てはまる語句を記入しよう。**

(2)	(3)	(4)
煙のなかの一酸化炭素やニコチンの影響で，胎児が低酸素状態になり，流産や早産，低出生体重児の出産，SIDS(乳幼児突然死症候群)などの危険が高まる。	妊娠中の飲酒は，胎児性アルコール症候群((3)の影響で胎児に脳の発達障害等が起こる疾患)や発育障害を引き起こすおそれがあるといわれている。	(4)によって影響を受けやすい時期は，妊娠時期によって異なるので，医師に相談をする。

★ **3. 人工妊娠中絶について，説明に当てはまる語句を答えよう。**

▶人工妊娠中絶ができる条件を定めている法律の名称 (5)

▶人工妊娠中絶が認められている期間 (6)

★ **4. 妊娠の成立について，( )のなかに適語を記入しよう。**

▶女性のからだが成熟すると(7)が起こる。卵管に取りこまれた卵子が精子と結合することを(8)といい，この瞬間から新しい生命が誕生する。妊娠の成立とは，(9)が子宮内膜に(10)することをいう。妊娠すると月経の停止や(11)の上昇など，からだにさまざまな変化が現(あらわ)れる。妊娠が確定すると，市役所などから(12)が交付される。

★ **5. 胎児の成長と母体の変化について，( )のなかに適語を記入しよう。**

	妊娠初期	妊娠中期	妊娠後期
胎児の成長	・脊髄・脳・心臓の基礎ができ，(13)となる。	・24週で(14)が発達し，外音が聞こえる。	・(15)週で，生まれても胎外での生活が可能となる。 ・(16)週で，成熟児になる。
母体の変化	・(17)がとまり，(18)の症状が現れる。 ・(19)しやすい時期。	・体調は回復し，(20)は安定する時期である。 ・(21)を感じる。	・(22)や(23)の症状(妊娠高血圧症候群)が現れた時は，医師に相談する。

★ **6. 周囲の理解と協力について，(　　)のなかに適語を記入しよう。**

▶出産後の6～8週間を(24　　　　　　)といい，育児の疲労や体調の変化から，精神的に(25　　　　　)になりやすい。この時期にはパートナーや周囲の人たちの理解や協力，支援が必要である。

★★★ **7. 6.の下線部について，求められる具体的な理解や協力，支援の方法について考えてみよう。**

26

2 子どもの世界 教 p.41

★ **1. 子どもの感じ方について，語句とその説明，説明と具体例をそれぞれ線で結ぼう。**

〈語句〉	〈説明〉	〈具体例〉
①ハンドリガード・	・㋐頭部と胴体が一つの円で構成され，円から直接手足が出ている絵。・	・Ⓐ
②頭足人画(とうそくじんが)・	・㋑あお向けの状態で自分のにぎった手をじっと見つめる動作。・	・Ⓑ
③アニミズム・	・㋒無生物にも自分と同じように心や生命があると考えること。・	・Ⓒ

Ⓐ 

Ⓑ 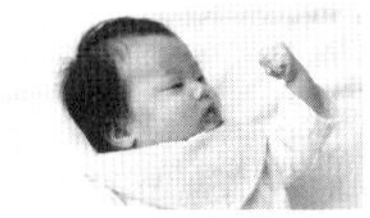

Ⓒ 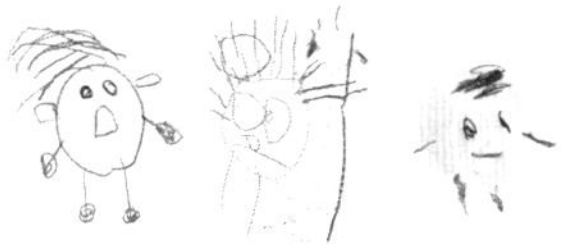

★ **2. 乳幼児の基本的欲求について，(　　)のなかに適語を記入しよう。**

(1　　　　)的欲求	(4　　　　)的欲求
食べたい・飲みたい・(2　　　　　)・ 眠りたい・休みたい・(3　　　　　　)	(5　　　)・(6　　　)・(7　　　)・ (8　　　)・(9　　　)

memo

2 子どもの発達

教 p.42 ～ 49

1 かかわりのなかの発達　教 p.42 ～ 44

★ **1. 情緒的なかかわりあいについて，(　　)のなかに適語を記入しよう。**

▶子どもは，身近な大人との(1　　　　　　　　)を通して発達する。親や保育者が，泣いたりほほえんだりする子どもの(2　　　　　)を敏感に受けとめ応じると，子どもは安心し，満足や喜びを感じる。(3　　　　　　　)を介して子どもと養育者との間に愛情や信頼感などのきずなが形成されることを(4　　　　　　　　　)という。(4　)の形成は「(5　　　　　　　　)」となり，心身の発達によい影響を与える。

★ **2. 自我(じが)の芽ばえについて，(　　)のなかに適語を記入しよう。**

▶１歳を過ぎると(6　　　　　　　)が現(あらわ)れるが，これは(7　　　　　)の芽ばえである。２歳ころから(7　)がさらに発達し，(8　　　　　　　)が増し反抗的になる。これは親から(9　　　　　)する過渡(かと)期(き)に見られ，(10　　　　　　　)といわれる。<u>この時期の「自分でやりたい」という気持ちを尊重し，達成感を充足できるように接すると，子どもの自信がはぐくまれる。</u>

★★★ **3. 自我の芽ばえに対して 2. の下線部のように接することが求められている。次の事例の対応方法について考えてみよう。**

【事例】２歳のユウキと公園に行くために，ユウキにくつを履(は)かせたら，「ユウキが(する)！」と言ってくつを脱いでしまった。その後，ユウキは自分でくつを履こうとしているが，うまく履くことができず，「できない！できない！」とだだをこね始めた。

11

2 知的発達（認識の発達）　教 p.45

★★ **1. 子どもの自己中心性とはどのようなものか，説明しよう。**

1

memo

年　組　番　名前　　　　検印

3 身体の発育・発達 教 p.46～49

★ **1. 発達の過程の名称について，(　　)のなかに適語を記入しよう。**

誕生　　　　　　1歳ころ　　　　　　6歳ころ

(2　　　　)期　　　　(3　　　　)期

(1　　　　)期

4週

★ **2. 原始反射について，(　　)のなかに適語を記入しよう。**

▶音の刺激などで両腕を大きく開き，抱きつこうとする原始反射を(4　　　　)反射という。

▶口にふれた物に吸いつく原始反射を(5　　　　)反射という。

▶手のひらにふれた物をつかむ原始反射を(6　　　　)反射という。

★ **3. 乳幼児の身体的発育・発達と生理的特徴について，(　　)のなかに適語を記入しよう。**

体重・身長・胸囲・頭囲・体型

月年齢	体重	身長
出生	約(7　　　　)g	約(8　　　　)cm
3～4か月	約(9　　　　)倍	—
1歳	約(10　　　　)倍	約(11　　　　)倍
4歳	約(12　　　　)倍	約(13　　　　)倍

▶出生時の頭囲は，胸囲より(14　　　　)が，生後(15　　　　)か月ころに逆転。

▶頭が大きい。乳児期は(16　　　　)頭身，幼児期(6歳)は(17　　　　)頭身。

脳

▶出生時の脳の重さは，約(18　　　　)g。

▶5～6歳で成人の約(19　　　　)%に到達。

▶神経細胞の配線((20　　　　))が活発。

骨格

▶(21　　　　)が多く弾力性があるが，成長と共にカルシウムが沈着し，(22　　　　)となる((23　　　　))。

〈新生児の頭蓋骨(ずがいこつ)〉

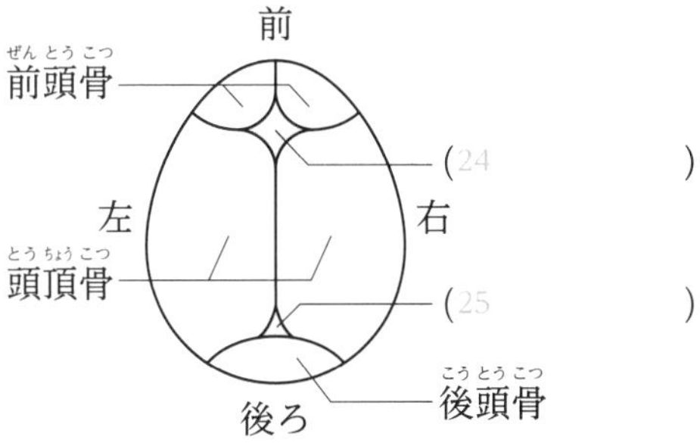

▶出産の時，(26　　　　)を通れるように，また，(27　　　　)に対応するため，骨と骨の間に(28　　　　)がある。(29　　　　)は1か月で，(30　　　　)は1～1年半で閉じる。

〈胸郭(きょうかく)〉

▶胸部断面は(31　　　　)で，ろっ骨は(32　　　　)。

▶胸部の変形と筋肉の発達により，乳児の(33　　　　)呼吸が幼児の(34　　　　)呼吸に変わる。

脊柱	▶(35　　　　)が始まるにつれて，体重を支える必要から脊柱が(36　　　　)する。 ▶脊柱の(36　)は，(37　　　)への衝撃を弱める効果がある。
歯	▶乳歯は(38　　　)本。生後(39　　　)か月ころからはえ始め，(40　　　)歳ころまでにはえそろう。(41　　　　)歳から永久歯にはえ変わっていく。
胃	〈乳幼児の胃〉 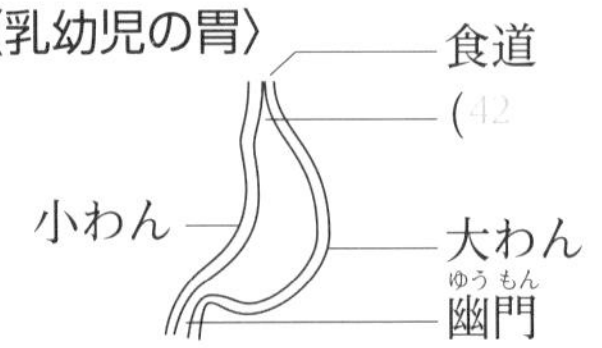 ▶乳幼児は，(43　　　　)(胃の入り口)の閉鎖が不完全なため，乳や食べた物を吐きやすい。 ▶吐乳による窒息を防ぐため，(44　　　　)を吐かせてから寝かせる。
呼吸・脈はく・体温・睡眠	▶乳幼児は新陳代謝がさかんなため，呼吸・脈はく数が(45　　　　)，体温が(46　　　　)。また，(47　　　　　)が未発達。 ▶新生児は睡眠の(48　　　　)がはっきりしない。
皮膚	▶生後３～４日ころから皮膚が(49　　　　)くなり，約(50　　　)週間でもとに戻る((51　　　　　　))。 ▶臀部に(52　　　　　)があるが，４～５歳で消える。 ▶(53　　　　　)がさかんで，湿しんやあせもができやすい。
便・尿	▶生後２～４日は，(54　　　　)水分量より(55　　　　　)する水分量が多いため，出生時の５～10%程度体重が(56　　　　)((57　　　　　))。 ▶生後２～３日は，(58　　　　)・(59　　　　)っぽい便が出る((60　　　　))。
免疫	▶３～４か月ころまでは，母体からの免疫で守られている((61　　　　　　))。 ▶２か月以降は，(62　　　　　)なども検討する。

★ **4.　運動機能の発達の方向と順序について，(　　)のなかに適語を記入しよう。また，発達の方向に対応する矢印を図に書きこもう。**

▶(63　　　　)から臀部，(64　　　　　)から(65　　　　　)への方向。

▶一体となった動きから，各部分の(66　　　　　)動きへの順序。

★ **5.　乳幼児期の発達のめやすについて，発達の順に選択肢を並べ替え，記号で答えよう。**

▶人とのかかわり

(67　　　)　→　(68　　　)　→　(69　　　)　→　(70　　　)　→　(71　　　)

ア　人見知りをする  	イ　あやすと声を出して笑う 	ウ　自分でやろうとする（第一反抗期） 	エ　親から離れると不安になる 	オ　あやされると泣きやむ 

年　組　番　名前　　　　　　　　　　検印

▶コミュニケーション

(72　　　) → (73　　　) → (74　　　) → (75　　　) → (76　　　)

ア　喃語(なんご)(ブー，アーなど）の発生	イ　助詞や接続詞の出現	ウ　だいたいの日常会話が話せる	エ　二語文，三語文(ママ，カイシャ，イッタ）を話す	オ　一語文（パパ・ママ）を話す

▶からだの動き

(77　　　) → (78　　　) → (79　　　) → (80　　　) → (81　　　)

ア　両足をそろえて飛ぶ	イ　スキップができる	ウ　伝い歩きをする	エ　寝返りをする	オ　はう

▶手の動き

(82　　　) → (83　　　) → (84　　　) → (85　　　) → (86　　　)

ア　積み木を積む	イ　クレヨンで○を描(か)く	ウ　スプーンで食べようとする	エ　ひもが結べる	オ　物をにぎって振る

memo

3 子どもの生活

教 p.50 ～ 55

1 子どもの生活習慣

教 p.50 ～ 51

★ **1. 基本的生活習慣はどの時期にできるようになるか，選択肢から選び，表のなかにあてはまる記号をすべて記入しよう。**

年齢（歳）	食事	睡眠	排せつ	着脱衣	清潔
0 ～ 1					
～ 2 ～					
～ 3 ～					
～ 4 ～					
～ 5 ～					
～ 6 ～					

ア　ひとりで脱いだり着たりしようとする　　イ　手を洗う　　ウ　茶わんを持って飲む
エ　ひとり寝ができる　　オ　夜のおむつが不要になる　　カ　ひとりで全部着る
キ　はしを持ち，完全にひとりで食べる　　ク　スプーンで食べる　　ケ　ひとりで寝起きする

2 子どもの生活管理

教 p.51 ～ 52

★ **1. 子どもの食生活について，（　　）のなかに適語を記入しよう。**

▶乳汁栄養（にゅうじゅう）には，（1　　　　　）と（2　　　　　），その両方を取り入れた（3　　　　　）がある。

▶初乳（しょにゅう）には感染症予防の（4　　　　　）が多く含まれている。

▶５か月ころになると消化・吸収機能が発達し，（5　　　　　）が可能になる。

▶幼児期は，運動量が多く新陳代謝（しんちんたいしゃ）が活発になるため，３回の幼児食と（6　　　　　）で栄養を補（おぎな）う。

★★ **2. 母乳栄養と人工栄養の特長をまとめよう。**

母乳栄養	人工栄養
7	8

★ **3. 子どもの衣服の選び方について，正しいものには○，まちがっているものには×を記入しよう。**

▶子どものからだの特徴に合ったものよりデザイン性を重視したものがよい。(9　)
▶動きやすく，大きさにゆとりがあるものがよい。(10　)
▶えりつきまたはえりの開き(あ)が狭(せま)いものがよい。(11　)
▶夏は通気性，冬は保温性に富むものがよい。(12　)
▶手指の発達を促(うなが)すために，着脱が難しいものを選ぶとよい。(13　)

★★★ **4. 子どもの事故を防ぐために，周りの大人たちが気をつけるべきことを考えてみよう。**

子どもの事故	周りの大人たちが気をつけるべきこと
食事中に食べ物で窒息	14
浴槽に転落しおぼれる	15
調理器具でのやけど	16
窓からの転落	17
自動車での事故	18

3 子どもと遊び

教 p.53～55

★ **1. 遊びの機能にはどのようなものがあるか，答えよう。**

(1　)　(2　)　(3　)
(4　)　(5　)　(6　)

★ **2. 遊び方の形態について，(　)のなかに適語を記入しよう。**

(7　)遊び	(8　)遊び	(9　)遊び	(10　)遊び
近くに他の子どもたちがいても，関心を示したり，かかわることなく，独立してひとり遊びをしている状態。	他の子どもたちの遊びをよく見ていて，声をかけたりすることもあるが，その遊びには入らない状態。	似たような遊びを近くで並んでしながらも，それぞれが独立して遊んでいる状態。	複数の子どもたちが目的を共有し，相互に役割を持ちながら組織立って一緒に遊んでいる状態。

memo

4 子どもをはぐくむ

教 p.56 ～ 57

1 子どもを育てる意味 教 p.56

★★ **1. 子どもを生み育てる二つの意味を答えよう。**

▶個人的な意味 (1　　　　　　　　　　　　　　　　　)

▶社会的な意味 (2　　　　　　　　　　　　　　　　　　　　　　　　)

2 親子関係の課題 教 p.57

★ **1. 夫婦の家事・育児関連時間について，p.56 資料41 を見て，(　　) のなかに適語を記入しよう。**

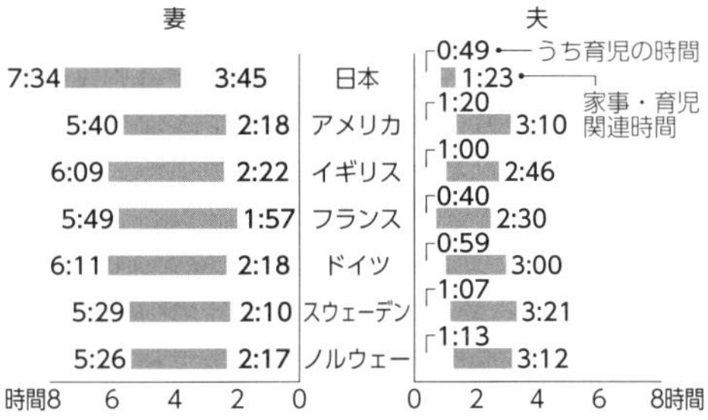

注 1）総務省「社会生活基本調査（2016 年）」，Bureau of Labor Statistics of the U.S. "American Time Use Survey" (2016) 及び Eurostat "How Europeans Spend Their Time Everyday Life of Women and Men" (2004) より作成。

注 2）日本の値は，「夫婦と子どもの世帯」に限定した夫と妻の 1 日当たりの「家事」，「介護・看護」，「育児」及び「買い物」の合計時間（週全体平均）。

内閣府「男女共同参画白書（平成 30 年版）」による

▶日本の夫の家事・育児関連時間は，1 日当たり (1　　　) 時間 (2　　　) 分，うち育児時間は (3　　　) 分であり，他の先進国と比較して (4　　　　)。

　一方，日本の妻の家事・育児関連時間は，1 日当たり (5　　　) 時間 (6　　　) 分，うち育児時間は (7　　　) 時間 (8　　　) 分であり，他の先進国と比較して (9　　　　)。

★ **2. 夫婦での子育てについて，(　　) のなかに適語を記入しよう。**

▶日本は，諸外国と比べて父親の育児参加が少ないという調査結果がある。夫婦が協力して子育てにのぞむことは，家庭内の (10　　　　　　) を高め，(11　　　　　　　) を築く基本となる。男性が (12　　　　　　　) を取得しやすい環境や働き方など，父親が子育てに参加しやすい社会のしくみづくりが期待される。

★★★ **3. 2. の下線部について，父親が子育てに参加しやすくするためにどのような取り組みが行われているか，調べてみよう。**

✎13

年　組　番　名前　　　　　　検印

★ **4.** **児童虐待(ぎゃくたい)について，(　　)に入る適語を選択肢から選び，記号で答えよう。**

▶児童虐待の防止等に関する法律によると，児童虐待とは，(14　　　)歳未満の者に対して(15　　　)が行う①身体への暴行などの(16　　　)，②わいせつ行為などの(17　　　)，③食事を与えない，放置するなどの(18　　　)，④心を傷つける(19　　　)のことである。

ア　16	イ　18	ウ　20	エ　ネグレクト	オ　保護者	カ　保育者
キ　心理的虐待	ク　性的虐待	ケ　身体的虐待			

★★ **5.** **児童虐待の種類について，次の虐待行為に当てはまるものを選択肢から選び，記号で答えよう。**

▶無視をしたり，拒否的な態度を示す。　(20　　　)
▶なぐる，蹴る，投げ落とす。　(21　　　)
▶児童ポルノの被写体にする。　(22　　　)
▶乳幼児を車内や家に放置する。　(23　　　)
▶保護者以外の虐待行為を黙認・放置する。　(24　　　)
▶戸外に閉め出す。　(25　　　)
▶子どもの前で配偶者や他の家族に暴力をふるう。　(26　　　)
▶性器や性交を見せる。　(27　　　)

ア　身体的虐待	イ　性的虐待	ウ　ネグレクト	エ　心理的虐待

★ **6.** **資料43 を見て，虐待により死亡した子どもの主な加害者を，多い順に書き出そう。**

(28　　　)→(29　　　)→(30　　　)→(31　　　)→(32　　　)

★★ **7.** **6. の下線部の答えが最も多いのはなぜだろう。p.57 を参考にしてまとめよう。**

33

memo

5 子どものための社会福祉 教 p.60 ～ 63

1 親子をとりまく環境と支援 教 p.60 ～ 62

★★ **1.** 合計特殊出生率とはどのようなものか，説明しよう。

1

★ **2.** 保育所・幼稚園・認定こども園についてまとめよう。

	保育所	幼稚園	認定こども園
性格	2	3	4
対象者	5	6	7
年齢	8	9	10
保育者	11	12	13
法律	14	15	16
所管	17	18	19

★ **3.** 女性保護と子育てに関する法律・条約について，当てはまる法律・条約名を記入しよう。

法律・条約名	内容
(20)	1947 年公布。時間外労働の制限，深夜業の制限，産前産後休暇など。
(21)	1965 年公布。母子健康手帳の交付，妊婦と乳幼児の健康診査など。
(22)	1985 年公布。募集・採用などについて男女の差別禁止など。
(23)	1979 年国連採択，1985 年日本批准(ひじゅん)。雇用に関する男女の均等機会を保障。
(24)	1995 年公布。原則子が 1 歳になるまでの育児休業など。男性は上記とは別に，子の出生後 8 週間以内に 4 週間まで取得可能（産後パパ育休）。

年	組	番	名前	検印

★★★ **4. 子育てにかかわる社会的課題と，その課題に対して必要なサポートについて，考えてみよう。**

社会的課題	25
サポート	26

★★ **5. 幼稚園や保育所などにおける園での保育の意義とはどのようなことか，説明しよう。**

27

2 子どもの権利を考えよう 教 p.63

★ **1. 子どもの権利と福祉について，（　）のなかに適語を記入しよう。**

▶戦争は社会的弱者としての子どもたちの生命や人権を奪(うば)い，大きな犠牲を強(し)いた。この反省をもとに，「（1　　　　）」(1924年) が国際連盟から出され，国際連合の「（2　　　　）」(1959年) へと受け継(つ)がれた。1989年には，子どもの権利をいっそう保障し，実効あるものとするため，（3　　　　）が国連総会で採択されている。この条約の特徴は，子どもの（4　　　　）をさまざまな場面で認め，子どもが自ら（5　　　　）を行使(こうし)する主体としてとらえ，子どもの（6　　　　）を子ども自身が決定し，追求することを保障していることである。

▶すべての子どもが，心身共に健康で幸せに暮らしていけるように支援する活動を児童福祉という。日本でも，1947年には（7　　　　），1951年には（8　　　　）が制定された。

memo

章末Learning » 3

QR

確認してみよう

1 クラミジア・梅毒・エイズなど性交によって感染する病気を何というか。

2 人工妊娠中絶ができる条件を定めている法律を何というか。

3 妊娠が確定すると，市役所などから交付される手帳で，母子の健康状態を記録するものを何というか。

4 幼児は，石ころなどの無生物にも自分と同じように心や生命があると考える。これを何というか。

5 スキンシップを介して子どもと養育者との間に愛情や信頼感などのきずなが形成されることを何というか。

6 生後７か月ころには親しみのある他者と見慣れない他者の見分けがつくようになることによって，見知らぬ人に対して，警戒心(けいかいしん)から恐れを抱(いだ)いたり，泣き出したりする反応を何というか。

7 ２歳ころから自我がさらに発達し，自己主張が増し反抗的になる時期を何というか。

8 生後４～５か月ころから現れる，バーバー，バブーといった乳児期特有の言葉を何というか。

9 誕生から１歳までの発達過程を何というか。

10 原始反射の一つで，手のひらにふれた物をつかむ反射を何というか。

11 生後３～４日ころから皮膚が黄色くなり，約１週間でもとに戻ることを何というか。

12 生後２～４日に，摂取水分量より排せつする水分量が多いため出生時の５～10％程度体重が減ることを何というか。

13 初乳(しょにゅう)に多く含まれている物質で，血液中に含まれる，ウイルスや細菌から身を守る抗体を何というか。

14 乳汁(にゅうじゅう)から幼児食へ移行する過程を何というか。

15 ４種混合（百日ぜき，ジフテリア，破傷風(はしょうふう)，ポリオ），麻疹(ましん)，風疹(ふうしん)など，人工的に免疫をつくって伝染病の発生と蔓延(まんえん)を防ぐ方法を何というか。

16 遊び方の形態の一つで，複数の子どもたちが目的を共有し，相互に役割を持ちながら組織立って一緒に遊んでいる状態を何というか。

17 18歳未満の者に対して保護者が行う，身体への暴行などの身体的虐待（ぎゃくたい），わいせつ行為などの性的虐待，食事を与えない，放置するなどのネグレクト（養育放棄），心を傷つける心理的虐待を何というか。

18 ひとりの女性が15歳から49歳までに生む子どもの数の平均を示す指標を何というか。

19 2006年に「就学前の子どもに関する教育，保育等の総合的な提供の推進に関する法律」が整ったことによって誕生した，保育所と幼稚園の両方の機能を備（そな）えた施設を何というか。

20 1989年に，子どもの権利をいっそう保障し，実効あるものとするため，国連総会で採択された条約を何というか。

Plus 1 子育てがしやすい社会とは？

右のインタビューを読んでみて，「子育てがしやすい社会」とはどんな社会か，グループで話しあってみよう。

❶日本を今よりも子育てがしやすい社会にするためにはどうすればよいだろうか。グループで話しあい，出た意見を記入しよう。

❷話しあいをして感じたこと，感想などを記入しよう。

オランダで働く家族（チョンファミリー）へのインタビュー

旦那さんは中国系オランダ人で，従業員8人を抱（かか）える会社の経営者です。日本人の奥さんは，50人規模の貿易関連会社のマネージャーとして働いています。10歳と5歳のお子さんを抱えているため，夫婦ともにパートタイムで働いています。

―普段はどのような生活をしていますか？

「夫婦ともに80%のパートタイムで働いています。子どもを学校へ送っているのは夫で学校のお迎えは私の担当です」

―旦那さんは自営業でしたよね？

「会社を経営していますが，パートタイムで働いています。パートタイム勤務は普通のことなので，社員からの特別な反応はありません。経営者でもそれは関係ないですよ。普通のことです」

―勤務時間が80%ということで，収入も80%になっているかと思います。それで十分足りているのでしょうか？

「税金が高いので手取りにするとあまり変わらないんですよね。収入が上がると学童保育の料金も上がることがあるので，フルタイム勤務ギリギリのラインだと，勤務時間80%のままでも手元に残る収入は変わらなかったりします」

―休暇は消費していますか？

「みんな休暇を取っています。私が勤める会社の有給休暇は年間26日です」

―日本と比べてオランダは子育てに優しい国と感じますか？

「とても感じます。子どもが病気で休んでも，会社から一切文句は言われません。そういったときは，自分でアレンジして半日間だけの在宅勤務にしたりもできます。会議のときなど手が離せない場合は，夫が病気の子どもの担当をしてくれますし。

ベビーカーに関しても，日本では本当に誰も手伝ってくれないのでビックリします。オランダではみんなが手伝ってくれます」

秋山開『18時に帰る「世界一子どもが幸せな国」オランダの家族から学ぶ幸せになる働き方』（プレジデント社 2017年）（p158-167から抜粋）

1 高齢社会に生きる

教 p.68～69

1 高齢者とは 教 p.68

★ **1. 高齢者について，(　　)のなかに適語を記入しよう。**

▶(1　　　　　)を信じこんで，高齢者を(2　　　　　)にいる人，つまり加齢イコール(3　　　　)や(4　　　　)，(5　　　　)の老化という見方に押しこめてしまうのは社会の(6　　　　)である。高齢期は単なる(7　　　　)ではなく，人はだれも(8　　　　　　)である。

★★ **2. 高齢者と話をしたり，一緒に過ごすことにより，どのような変化や発見があるか，考えてみよう。**

9

2 高齢社会の現状と課題 教 p.69

★ **1. 高齢社会について，(　　)のなかに適語を記入しよう。**

▶総人口に占める65歳以上人口の割合を(1　　　　　　)という。日本では，65歳以上の人口の割合が7%以上を(2　　　　　　　)，14%以上を(3　　　　　　)，21%以上を(4　　　　　　　)と呼ぶことが多い。

★★ **2. 人口ピラミッドの変化について，p.68 資料1 を見て，2015年と2065年を比較して気づいたことをまとめよう。**

5

★ **3. 人口の高齢化の進み方の速さや高齢化率は国によって異なる。資料3 を見て，各国の65歳以上の割合が7%から14%に達した期間を記入しよう。**

国	7%	14%	7→14%
フランス	1864	1990	(6　　　)年
スウェーデン	1887	1972	(7　　　)年
ドイツ	1932	1972	(8　　　)年
イタリア	1927	1988	(9　　　)年
日本	1970	1994	(10　　　)年
アメリカ	1942	2014	(11　　　)年

年 組 番 名前 検印

★★★ **4.** 健康寿命と平均寿命を比較すると，約 10 年の差がある。この差は，どのような期間であると考えられるだろう。また，健康寿命を延ばすために，自分でできることは何だろう。p.70 も参考にして考えてみよう。

健康寿命と平均寿命の差	健康寿命を延ばすためにできること
12	13

★★★ **5.** 高齢社会の現状と課題をあげてみよう。さらに，国や地方自治体，私たちができることについて考えてみよう。

高齢社会の現状と課題	国や地方自治体，私たちができること
14	15

memo

2 高齢者を知る

教 p.70 ～ 75

1 高齢者の心身の変化 教 p.70 ～ 71

★ **1. 高齢者の心身の変化について，(　　)のなかに適語を記入しよう。**

▶老化は，加齢と異なり，(1　　　　)や(2　　　　)等の影響を受け，進行速度には(3　　　　)がある。脳の老化や障がいにより，(4　　　　)が低下したり，(5　　　　)になることもある。

★ **2. 認知症について，種類と症状を線で結ぼう。**

①前頭側頭型認知症 •	• ㋐脳血管障がいが起こるたびに段階的に進行する。また障がいを受けた部位によって症状が異なる。
②アルツハイマー型認知症 •	• ㋑感情の抑制がきかなくなったり，社会のルールを守れなくなるといったことが起こる。
③レビー小体型認知症 •	• ㋒昔のことはよく覚えているが，最近のことは忘れてしまう。軽度の物忘れから徐々に進行し，やがて時間や場所の感覚がなくなっていく。
④脳血管性認知症 •	• ㋓現実にはないものが見える幻視や，手足がふるえたり筋肉がかたくなったりといった症状が現れる。歩幅が小きざみになり，転びやすくなる。

2 高齢者の生活 教 p.72 ～ 73

★★ **1. 若年介護者とはどのようなことか，またどのような課題があるか，説明しよう。**

【若年介護者とは】 1

【課題】 2

★ **2. 高齢者の経済について，(　　)のなかに適語を記入しよう。**

高齢者の生活資金	年金，稼働所得，財産，仕送りなど
高齢者世帯の年間の所得	・平均約(3　　　　)万円 ・公的年金・恩給は約 61％の世帯において総所得の(4　　　　)％以上であり，高齢期の経済生活を支えているが，年金の比率は(5　　　　)傾向にある。
老後の最低日常生活費	・月(6　　　　)万円かかる ・年金の他に(7　　　　)を(8　　　　)に準備することが重要。

★★ **3.** 高齢者の身辺自立とはどのようなことか，説明しよう。

9

★★ **4.** 身辺自立をしている高齢者が参加しているグループ活動について，資料13を見て，どのような活動が多いか説明しよう。

10

3 高齢者の生活の課題解決に向けて 教 p.74～75

★ **1.** 高齢者の生活課題について，（　）のなかに適語を記入しよう。

▶現在，核家族化の進行や高齢化の加速により，家庭内で介護や家事の支援が十分でなく，高齢者同士で介護する（1　　　　），また認知症同士の（2　　　　）という現象を生み出している。介護疲れ，認知症対応，経済的負担（ふたん），孤立（こりつ）化などのストレスから（3　　　　）が世界で深刻な問題になっている。2006年には，（4　　　　）が施行され，高齢者への虐待の防止や養護者への支援などは，国の課題ともなっている。

★★★ **2.** 資料17を見て，親などを介護する場合の不安の内容にはどのようなものがあるか，また，どのような支援が求められるか，考えてみよう。

【不安の内容】 5

【求められる支援】 6

memo

3 高齢者の自立を支える

教 p.76～77

1 高齢者の生活を支える介護 教 p.76～77

★ **1. 高齢者の生活について，(　　)のなかに適語を記入しよう。**

▶高齢者のなかには，加齢による心身の虚弱(きょじゃく)化によって日常生活動作(ADL，IADL)が低下し，(1　　　　)を必要とする人もいる。(1　)は，高齢者がこれまで通りの生活が続けられ，(2　　　　)的，(3　　　　)的に生活できるよう手助けするものである。それにより，高齢者は生活の質(QOL)を高め，豊かな毎日を過ごすことができる。

★★ **2. 1. の下線部について，ADL，IADL とはどのような動作か，説明しよう。**

ADL	4
IADL	5

★★ **3. 生活の質(QOL)とはどのようなものか，説明しよう。**

6

★★★ **4. 地域包括支援センターとはどのようなものか，説明しよう。また，あなたが住む地域の地域包括支援センターの名称と場所を調べよう。**

7

【名称】 8

【場所】 9

★ **5. ボディメカニクスについて，(　　)のなかに適語を記入しよう。**

▶からだのしくみを(10　　　　)に理解し，骨・関節・神経の伝達が(11　　　　)の負担(ふたん)を(12　　　　)に(13　　　　)していくために必要な知識である。このしくみを知ることで，要介護の人も，介助する人も，それぞれのからだに(14　　　　)をかけずに(15　　　　)で(16　　　　)な動作介助ができる。

▶ボディメカニクスの基本原理

- (17　　　　)を広くとる
- (18　　　　)を近づける
- (19　　　　)を意識して使い，(20　　　　)を使う
- からだを(21　　　　)まとめる
- 高齢者を(22　　　　)
- 介助者の(23　　　　)で利用者を動かす
- からだを(24　　　　)，(25　　　　)に保つ

年	組	番	名前	検印

★★★ **6.** **ボディメカニクスを活用して次の動作を行い，気づいたことを記入しよう。**

重い荷物を運ぶ	
手を伸ばして持つ 26	手を曲げて，荷物をからだにつけ，抱(かか)えるようにして持つ 27

友だちと手押し相撲をする		
足をそろえて立つ 28	足を肩幅に広げて立つ 29	足を肩幅より広く開いて立つ 30

★ **7.** **(　　)のなかに車椅子の部位の名称を記入しよう。**

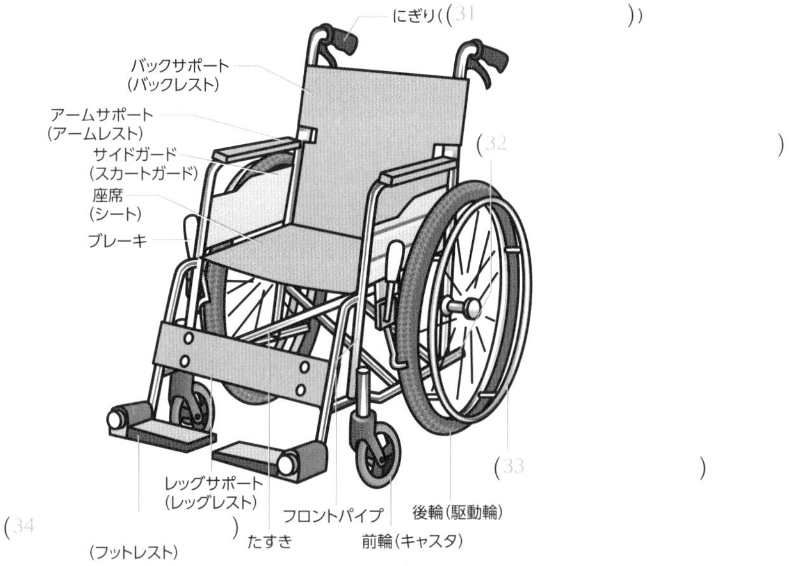

★★★ **8.** **認知症サポーターについて，また認知症の人への基本的な対応について，p.70 と WEB や書籍などを参考にまとめよう。**

【認知症サポーター】 35

【認知症の人への基本的な対応】 36

memo

4 高齢社会を支えるしくみ

教 p.78 ～ 79

1 高齢社会を支えるしくみ 教 p.78

★ **1. 介護保険制度について，(　　) のなかに適語を記入しよう。**

▶介護保険制度は，介護が必要な人が，(1　　　　　) や家計の管理，(2　　　　　)・排せつ・(3　　　　　)・判断などに人の手を借りて，できる限り (4　　　　　) して暮らせるように，(5　　　　　) で支えるしくみである。保険者 (実施主体) は (6　　　　　) であり，(7　　　　　) 歳以上の人が保険料を納め被保険者となる。多様な主体からサービスを選べる「(8　　　　　)」の考え方をとっている。

★ **2. 介護保険制度のしくみについて，p.79 資料18 を見て，(　　) のなかに適語を記入しよう。**

(9　　　　　) 申請
(市区町村の窓口)

↓

認定調査

↓

(10　　　　　) の意見書
↓
一次認定審査
↓
二次認定審査

→ 非該当 → 介護予防ケアプラン作成
(11　　　　　) へ相談
➡ (12　　　　　) 参加

→ 要支援 1・2 → 介護予防ケアプラン作成
(13　　　　　) で作成
➡ (14　　　　　) の利用

→ 要介護 1 ～ 5 → 介護サービスケアプラン作成
在宅介護支援事業所を選択し，
(15　　　　　) を作成
➡ (16　　　　　) の利用

★★ **3. 介護保険サービスの利用について答えよう。**

▶要介護 1 ～ 5 と認定された場合，ケアプランの作成の支援にあたるのはだれか。
(17　　　　　)

▶ケアプランは本人以外にも家族が作成することもできるか。 (18　　　　　)

▶介護保険を利用する場合の本人負担は何割か。 (19　　　　　)

★★★ **4. 資料19 を見て，気づいたことや考えたことをまとめよう。**

20

年　組　番　名前　検印

2 これからの介護と課題　教p.79

★ **1. 住み慣れたまちでの暮らしについて，(　　)のなかに適語を記入しよう。**

▶介護を必要とする人が，住み慣れたまちで暮らし続けるには，(1　　　　　　　　)が必要である。このシステムは，(2　　　　)や(3　　　　)，介護予防，(4　　　　)，自立した日常生活の支援など，必要な支援を(5　　　　)のなかで(6　　　　)に提供し，地域での(7　　　　)した生活を(8　　　　)するという考え方のもと進められている。地域包括ケアにおいては，(9　　　　　　　　　　　　)や協議体が中心となり，世代をこえて(10　　　　)が共に支えあう地域づくりを進めてきている。

★ **2. 介護をめぐる課題について，(　　)のなかに適語を記入しよう。**

▶介護保険制度が始まった初年度の要介護認定者数は，約(11　　　　)万人であったが，2021年6月末には約(12　　　　)万人となり，増え続けている。

★★ **3. 今後，どのような人が要介護者となると考えられるか，あげてみよう。**

13

★ **4. 介護保険制度を持続するために必要なことがらについて，(　　)のなかに適語を記入しよう。**

▶これまでの暮らしを保てるような(14　　　　)や高齢者自身の(15　　　　)が必要であり，(16　　　　)・(17　　　　)に着目した取り組みが重要となる。

▶介護職の(18　　　　)や(19　　　　)などを改善し，職員を助ける(20　　　　)などを活用する。

▶介護者への(21　　　　)と(22　　　　)を行う。

★★★ **5. 高校生ケアラーについて説明しよう。また，私たちにできることは何か，話しあってみよう。**

【高校生ケアラーとは】 23

【私たちにできること】 24

memo

章末Learning » 4章

確認してみよう

1 総人口に占める65歳以上人口の割合を何というか。

2 国連では，65歳以上の人口の割合が７％以上の場合を「老年」の国としている。日本では，21％以上の場合を何と呼んでいるか。

3 団塊(だんかい)の世代（第二次世界大戦直後の1947年～1949年に生まれた世代）が2025年ころまでに後期高齢者（75歳以上）となることにより，介護費・医療費などの社会保障費の急増が懸念される問題を何というか。

4 65歳以上人口１人に対して15～64歳人口が減少することで，社会保障制度を支える体制が弱まることが懸念されている。15歳～64歳人口を何というか。

5 継続的な介護や医療を必要とせず，自立した生活が送れるとされる期間を何というか。

6 脳内にたまった異常なたんぱく質により，神経細胞が破壊され，脳に萎縮(いしゅく)が起こり，軽度の物忘れから徐々に進行し，やがて時間や場所の感覚がなくなっていく認知症(にんちしょう)を何というか。

7 家族にケアを必要とする人がいる場合に，家事や家族の世話，介護，感情面のサポートなどを行っている高校生を何というか。

8 介護保険制度の要介護認定で自立と判定された人や認定を受けていない人で，身の回りのことが自分でできる状態を何というか。

9 無給のボランティアで，地域の人々や子どもの問題を行政機関や民間の支援機関に結びつける役割を担(にな)う人を何というか。

10 65歳以上の高齢者が高齢者を介護することを何というか。

11 認知症の家族同士で介護している状態を何というか。

12 高齢者への虐待(ぎゃくたい)の防止や，養護者への支援などを定めた法律を何というか。

13 加齢に伴(ともな)い筋力が衰(おとろ)え，疲(つか)れやすくなり，家に閉じこもりがちになるなど，年齢を重ねたことで生じる衰え全般をさす言葉で，健康な状態から要介護へ移行する中間の段階を何というか。

14 加齢による筋力低下により，身体機能が低下したり，日常生活動作に困難な状況が増加したりする状態を何というか。

15 QOL (Quality of Life の略) ともいい，経済的にも精神的にも質の高い豊かな生活をめざし，人間の尊厳に「質」の重点を置く考え方を何というか。

16 2005 年 6 月に改正 (2006 年 4 月施行) された介護保険制度に伴い，地域で介護，虐待など幅広い生活問題について相談・助言・サービスへの取りつぎ，介護予防マネジメントなど地域住民からの相談に応じる包括（ほうかつ）的・総合的な機関を何というか。

17 からだのしくみを医学的に理解することで，要介護の人も，介助する人も，からだに無理な負荷（ふか）をかけずに安心で快適な動作介助を行うことができる。骨・関節・神経の伝達が身体動作の負担（ふたん）を最小限に効率よくしていくために必要な力学的な知識・技術を何というか。

18 介護保険法にもとづき，2000 年 4 月に始まった制度を何というか。

19 介護サービスを利用するには，市区町村に申請（しんせい）をして，要介護認定を受ける。要支援 1・2 と認定された場合は地域包括支援センターと一緒に介護予防サービス計画を立てる。要介護 1 〜 5 と認定された場合に，本人と家族と共にケアプランを作成するのはだれか。

20 医療や介護，介護予防，住まい，自立した日常生活の支援など，必要な支援を地域のなかで包括的に提供し，地域での自立した生活を支援するという考え方のもとに進められているしくみを何というか。

Plus 1　さまざまなコミュニケーション

コミュニケーションの種類と，さまざまな手段を知り，心地よいコミュニケーションについて話しあってみよう。

【言語的コミュニケーション】 言葉を使うコミュニケーションにはどのようなものがあるかあげてみよう。	
【非言語的コミュニケーション】 言葉を使わなくても気持ちが伝わるコミュニケーションにはどのようなものがあるかあげてみよう。	
心地よく円滑なコミュニケーションに必要なことについて話しあってみよう。	

1 支えあって生きる

教 p.80～81

1 福祉とは 教 p.80

★ **1.** 福祉について，(　　)のなかに適語を記入しよう。

▶福祉の「福」も「祉」も(1　　　　　　)という意味であり，すべての人が幸せに暮らしている状態をさす。(2　　　　　)も(3　　　　　)も(4　　　　　　)も，(5　　　　　　　　　)も，(6　　　　　　)も，みな排除されることなく，自分の生活や人生の(7　　　　　　　)になれるよう互(たが)いに保障しようというのが福祉の考え方である。

★★ **2.** ノーマライゼーションとはどのような考え方か，説明しよう。

8

2 社会保障制度とは 教 p.81

★ **1.** 社会保障制度は，国民がすこやかで安心できる生活を保障することを目的とし，税や社会保険のしくみを通じて，三つの機能を果たしている。三つの機能を答えよう。

(1　　　　　　　　　　　　)

(2　　　　　　　　　　　　)

(3　　　　　　　　　　　　)

★★★ **2.** 社会保障制度にかかる費用は年々増え続けている。このうち3割を占める国民医療費の増加を防ぐために，私たちができることは何か，考えてみよう。

4

★ **3.** 年金について，資料1を見て，(　　)のなかに適語を記入しよう。

▶高齢者を対象とするものは(5　　　　　　)で，他に(6　　　　　　　)，(7　　　　　　　)がある。年金は(8　　　　　)に備(そな)えたもので，受け取るには，それぞれ老齢，障がい，残された家族などの要件を満たし，(9　　　　　)する必要がある。そして何より，年金の支給は，(10　　　　　　)を払っていた場合に限られる。保険料は(11　　　　)歳から納めることが義務づけられており，年金を受け取るためには最低(12　　　　)年は納め続けなければならない。収入がない場合は，役所で手続きをとれば一定期間(13　　　　)される。手続きをとらずにいると，将来無年金になるので注意が必要である。

★★ **4.** 資料2 を参考に，日本において準備されている社会保障制度についてまとめよう。

保健・医療	社会福祉等	所得保障	雇用
・健康づくり 妊婦健診 乳幼児健診 学校健診 予防接種 ・事業主による （14　　　　） ・疾病治療 ・療養	・児童福祉 保育所 放課後児童クラブ 地域の （15　　　　） ・母子・父子・寡婦福祉 児童手当 児童扶養手当 ・障がい（児）者福祉 （16　　　　） 施設サービス 社会参加促進 手当の支給 ・介護保険	・年金制度 遺族年金 障害年金 （17　　　　） ・生活保護	・労働力需給調整 職業紹介 職業相談等 ・高齢者雇用 ・障がい者雇用 ・労災保険 ・（18　　　　） ・職業能力開発 ・男女雇用機会均等 ・仕事と生活の両立支援 ・労働条件

★★ **5.** 参加型社会保障とはどのような考え方か，また提唱されるようになった背景について，まとめよう。

【考え方】 19

【背景】 20

memo

2 共生社会を生きる

教 p.82 ～ 85

1 共に生きるとは

教 p.82 ～ 83

★ **1. 自分らしく生きるために重要な四つのことがらについて，当てはまるものを選択肢から選び，記号で答えよう。**

▶自助（1　　）　▶互助（2　　）　▶共助（3　　）　▶公助（4　　）

ア	自分の責任や努力で問題解決に当たる。
イ	行政による支援によって問題を解決する。生活の安心の基盤となる。
ウ	個人的な関係を持つ人同士が，それぞれ抱(かか)える課題を互(たが)いに協力して解決する。
エ	地域や市民レベルで支えあうこと。介護保険制度や年金なども含まれる。

★★ **2. 人は，他者との信頼関係を生み出すために，まず自分自身を肯定することが必要になるが，どのようなことがらにより，自分自身を肯定する感情が生まれるか，まとめよう。**

5

★ **3. 協働とソーシャル・インクルージョンについて，（　）のなかに適語を記入しよう。**

▶協働…たとえ（6　　）に多少の相違があっても，（7　　）ことのできる共通の（8　　）に向かって，（9　　）を結んでいく考え方。

▶ソーシャル・インクルージョン…（10　　）や（11　　），（12　　）や（13　　），（14　　）の有無(うむ)などによって排除(はいじょ)されることなく生活できる状態。

2 地域で支えあう暮らし

教 p.83

★★ **1. 「この地域に住み続けたい」と思える地域をつくるために重要なことは何か，説明しよう。**

1

★ **2. 地域共生社会について，（　）のなかに適語を記入しよう。**

▶制度・分野ごとの「縦割り」や「支え手」「受け手」という関係をこえて，（2　　）や地域の（3　　）な主体が，（4　　）として参画し，人と（5　　），人と（6　　）が（7　　）や分野をこえて「（8　　）」つながることで，住民一人ひとりの暮らしと（9　　），地域を共につくっていく社会。

3 社会の一員としての私たちの役割 教 p.84

★★ **1. NPO と NGO について，(　　)のなかに適語を記入しよう。**

▶ NPO (Non-Profit Organization) と NGO (Non-Governmental Organization) は，どちらも (1　　　　　　　) である。日本では，(2　　　　　　) な領域で活動する組織を NGO という場合が多い。NPO・NGO の特徴は，(3　　　　　) ・ (4　　　　　) ・ (5　　　　　) ・ (6　　　　　) ・ (7　　　　　) である。

1998 年に (8　　　　　　　　　　) が成立し，(9　　　　　) として活動できるようになり，地域の (10　　　　) ・ (11　　　　)，(12　　　　　　　　　) などの分野で活動している。

4 ボランティア活動 教 p.84 ～ 85

★ **1. ボランティアの特徴を四つ答えよう。**

(1　　　　) (2　　　　) (3　　　　) (4　　　　)

★★★ **2. 私たちの地域で考えられる困りごとと，私たちにできるボランティア活動は何か，資料5 を参考に話しあってみよう。**

私たちの地域で考えられる困りごと	私たちにできるボランティア活動
(例) 古い団地に高齢者世帯が多いが，エレベーターがなく，移動が大変。 5	(例) 買い物に同行する，ゴミ出しを手伝う。 6

★★★ **3. あなたの住むまちのボランティアセンターはどこにあるか，調べてみよう。**

7

memo

章末Learning » 5章

QR

確認してみよう

1 「幸せ」「幸い」という意味で，すべての人が幸せに暮らしている状態をさす言葉を何というか。

2 障がいのある人もない人も，だれもがあたりまえに生活できる社会こそ正常（ノーマル）な社会であるという社会の実現をめざそうという考え方を何というか。

3 年金のうち，障がいを負った人を対象とするものを何というか。

4 年金は，基礎年金といわれる 1 階部分と，上乗せ年金といわれる 2 階部分の 2 層で構成される。1 階部分の年金を何というか。

5 社会保障制度は，「すべて国民は健康で文化的な最低限度の生活を営む権利を有する」という考え方にのっとってつくられている。この考え方を述べているのは，憲法第何条か。

6 社会保障制度は，税や社会保険のしくみを通じて，三つの機能を果たしている。三つの機能とは，所得再分配機能，経済安定機能ともう一つは何というか。

7 社会保障は「機会の平等」の保障だけでなく，国民が自分の可能性を引き出し発揮することを支援し，労働市場，地域社会，家庭への参加を保障する，という考え方を何というか。

8 NPO やボランティア団体による支援など，地域や市民レベルで支えあう組織的な助けあいを何というか。

9 生活の安心の基盤となるものであり，共助では解決できない問題を行政による支援によって解決することを何というか。

10 年齢・性別，学歴・職歴，国籍・人種，性的指向にとらわれず，さまざまな人が活躍できるようにする取り組みを何というか。

11 たとえ志に多少の相違があっても，重ねあわせることのできる共通の目標に向かって，協力関係を結んでいく考え方を何というか。

12 一人ひとりが社会の一員としての存在価値を発揮するために，性別や人種，民族や国籍，障がいの有無などによって排除されることなく生活できる状態を何というか。

13 地域住民や地域の多様な主体が「我が事」として参画し，人と人，人と資源が世代や分野をこえて「丸ごと」つながることで，住民一人ひとりの暮らしと生きがい，地域を共につくっていく社会を何というか。

14 ボランティア活動の特徴は，社会性，公益性，無償性ともう一つは何というか。

15 地域の福祉・教育，資源リサイクル問題などの分野で活動している民間非営利団体は，NGO ともう一つは何というか。

16 社会福祉協議会に設置されており，ボランティアの登録やボランティア保険への加入などの支援を行う機関を何というか。

17「あらゆる人に利用しやすいデザインである」という視点を軸に７原則から構成されている，ロナルド・メイス氏が提唱した考え方を何というか。

18 障がいのある人の人権が，障がいのない人と同じように保障されると共に，社会生活に平等に参加できるよう，それぞれの障がいや困りごとに合わせて行われる配慮を何というか。

19 世界共通のマークで，障がいのある人が利用しやすい建築物や公共輸送機関であることを示す，障がいのあるすべての人のためのマークを何というか。

20 外見では健康に見えても，周りの援助や配慮が必要な人に配布されるマークで，東京都が導入し，全国に広まっているマークを何というか。

Plus 1　年金について

年金の保険料はいくらだろう。どれくらいの金額を何歳から受け取ることができるだろう。受け取り額が足りない場合はどうしたらよいだろう。年金について調べ，考えてみよう。

＊参照ホームページ：厚生労働省「財政検証レポート　公的年金制度の仕組み」など

	国民年金	厚生年金
加入者		
保険料		
年金の受け取り額 (月額平均)		
受給開始年齢		
受け取り額が足りない場合…自助努力により補う必要がある。		

1 日本の食文化の形成

教 p.92 ～ 93

1 日本の食文化 教 p.92 ～ 93

★ **1. 日本の食文化について，（　）のなかに適語を記入しよう。**

▶日本は（1　　）な気候と豊かな（2　　）に恵まれ，（3　　）を主食とする（4　　）が形成された。また，（5　　）に囲まれ，多くの山と入り江に富んだ海岸線は良好な（6　　）となり，豊富な（7　　）や（8　　）がとれ，（9　　）が発達した。さらに明確な（10　　）があるため，豊かな自然の移り変わりに合わせてさまざまな（11　　）の食材を入手できる。温暖湿潤な気候のため，（12　　）が繁殖(はんしょく)しやすい一方，それを利用した（13　　）や（14　　）などの発酵食品が発達し，日本特有の調味料として用いられることになった。

★★ **2. 発酵食品にはどのようなものがあるか，p.90 ～ 91 を参考にまとめよう。**

日本の伝統的な発酵食品	15
日本各地の発酵食品	16
世界の伝統的な発酵食品	17
世界各地の発酵食品	18

★ **3. 日本の料理の形式について，（　）のなかに適語を記入しよう。**

▶日本料理の形式は，室町時代の武士の（19　　）に基礎があり，飯と汁，おかずからなる（20　　）あるいは（21　　）を基本とする日常食が確立した。ハレの日には，特別な食べ物が用意されるようになり，行事食として各地域で伝承されている。

★ **4. 年中行事に当てはまる行事食を記入しよう。**

日付：行事	行事食	日付：行事	行事食
1月1日：正月	22	5月5日：端午(たんご)の節句	29
1月7日:七草(人日(じんじつ))の節句	23	7月7日：七夕(しちせき)の節句	30
1月11日：鏡開き	24	9月9日：重陽(ちょうよう)の節句	31
1月15日：小正月	25	9月15日：中秋の名月	32
2月3日ころ：節分	26	12月22日ころ：冬至	33
2月9日ころ：初午(はつうま)	27	12月31日：大晦日(おおみそか)	34
3月3日:桃(上巳(じょうし)の節句)	28		

★★ **5.** 日本の各地の雑煮(ぞうに)の違いをまとめよう。

餅	35
汁	36

★★ **6.** ケの日，ハレの日はそれぞれどのような日のことか，説明しよう。

37

2 日本の食文化の特徴 教p.93

★ **1.** 2013年12月にユネスコ無形文化遺産に登録された「和食」の特徴について，(　　)のなかに適語を記入しよう。

Ⓐ多様で新鮮な食材とその持ち味の尊重
豊かな(1　　　　)が広がっているため各地で地域に根ざした多様な(2　　　　)がある。(3　　　　)の味わいをいかす調理(4　　　　)・調理(5　　　　)が発達している。
Ⓑ健康的な食生活を支える栄養バランス
(6　　　　)を基本とし，だしなど(7　　　　)をじょうずに使うことで，(8　　　　)の少ない食生活を実現し，日本人の(9　　　　)や(10　　　　)に役立っている。
Ⓒ自然の美しさや季節の移ろいの表現
(11　　　　)の美しさや(12　　　　)の移ろいを表現することも特徴の一つ。季節の(13　　　　)や(14　　　　)などで料理を飾りつけ，季節に合った(15　　　　)や(16　　　　)を利用して(17　　　　)を楽しむ。
Ⓓ正月などの年中行事との密接なかかわり
年中行事を通して(18　　　　)を共有することで家族や地域の(19　　　　)を深めている。

memo

6 食生活

2 私たちの食生活

教 p.94 ～ 97

1 私の食生活　教 p.94

★ **1. 10代の食生活について，(　　)のなかに適語を記入しよう。**

▶ 10代はからだの発育・生殖機能の完成の時期であり，本来は(1　　　　　　　)や(2　　　　　　)を十分に摂取する必要がある。しかし(3　　　　　)を食べない欠食(けっしょく)の割合は(4　　　　)歳から増え始め，20 ～ 40代で高くなっている。1日3食がおろそかになると(5　　　　　)が多くなり，(6　　　　　　　　)や(7　　　　　　　　　)に頼りがちな食生活に陥(おちい)ることになる。食を自分で選択するにあたっては，自分に合った食べ物を(8　　　　　　)と規則正しい(9　　　　　　　)を身につけることが重要である。

★★★ **2. あなたの2日間の食事メニューを記入し，よいところ，改善したいところをまとめよう。**

月　　日			月　　日		
朝	昼	夕	朝	昼	夕
10	11	12	13	14	15
よいところ 16					
改善したいところ 17					

2 ライフステージと食生活　教 p.95

★ **1. 思春期・青年期の特徴と対応策について，資料8を見て，(　　)のなかに適語を記入しよう。**

特徴	急激に(1　　　　　)が発達する時期
対応策	・(2　　　　　　　)に関する適切な知識を身につける。 ・(3　　　　　)や(4　　　　　　)に見合った食事をする。 ・第二次性徴が起こるため(5　　　　　)を予防する。 ・規則正しい(6　　　　　　)を身につけ，(7　　　　　　　　)に注意する。

年	組	番	名前	検印

3 今の食卓は？ 日本の食卓の課題 教p.96

★★ **1.** 内食，外食，中食，孤食とはどのようなことか，説明しよう。

内食	1
外食	2
中食	3
孤食	4

★★ **2.** 資料11 を参考に，家族と一緒に食事をすることのよい点をあげてみよう。

5

4 食を楽しむ 教p.97

★ **1.** おいしさの構成要素についてまとめよう。

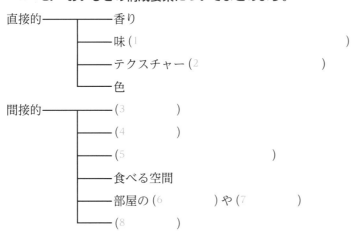

直接的
- 香り
- 味（1　　　　　　　　　　）
- テクスチャー（2　　　　　　　　）
- 色

間接的
- （3　　　　）
- （4　　　　）
- （5　　　　　　　　）
- 食べる空間
- 部屋の（6　　　　）や（7　　　　）
- （8　　　　）

memo

3 栄養と食品のかかわり(1)　教 p.98 ～ 100

1 食品の栄養素とからだの成分　教 p.98

★ **1. 栄養素とからだの成分について，(　　)のなかに適語を記入しよう。**

▶食品に含まれる成分のうち，私たちの生命を保ち，成長するために必要な成分を(1　　　　)という。水は栄養素としては分類されないが，からだを構成する成分として重要である。人のからだの約(2　　　　)は水であり，最も出入りの激しい成分である。残りの約 40%は(3　　　　)・(4　　　　)・(5　　　　)・(6　　　　)からなる。

★ **2. 資料15 を見て，(　　)のなかに栄養素を記入しよう。**

栄養素のはたらき	栄養素
エネルギーの供給	(7　　　　)　(8　　　　)　(9　　　　)
からだの骨・筋肉・組織などを形成	(10　　　　)　(11　　　　)　(12　　　　)
からだの生理機能の調節	(13　　　　)　(14　　　　)　(15　　　　) (16　　　　)　(17　　　　)

2 炭水化物とその食品　教 p.99 ～ 100

★★ **1. 炭水化物について，(　　)のなかに適語を記入しよう。**

炭水化物─┬─(1　　　　)…人の消化酵素で分解される最も重要なエネルギー源。
摂取(せっしゅ)する総エネルギーの(2　　　　)以上とることが望ましい。
└─(3　　　　)…消化・吸収されにくい。
(4　　　　)や(5　　　　)の上昇を抑(おさ)えるはたらきを持つものと，(6　　　　)を促進させ，(7　　　　)の発生を抑えるはたらきを持つものがあるといわれている。

★★★ **2. 米のぬか層には，ビタミン B_1 や食物繊維，ミネラルなどが豊富に含まれている。ぬかの活用法と入手方法について調べてみよう。**

【活用法】 8

【入手方法】 9

年　組　番　名前　　　　　　　検印

★ **3.** **米の主成分であるでんぷんと，でんぷんの変化について，(　　)のなかに適語を記入しよう。**

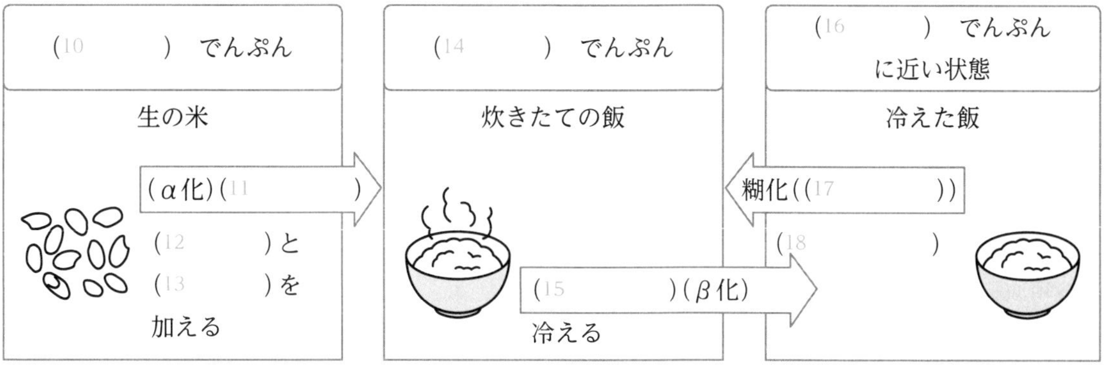

でんぷん ─┬─(19　　　　　　)
　　　　　│　・ぶどう糖分子が(20　　　　)に結合しており，ねばりが(21　　　　)。
　　　　　│　・うるち米の 20%を構成している。もち米は 0%なので，ねばりが(22　　　　)。
　　　　　└─(23　　　　　　)
　　　　　　　・ぶどう糖分子が(24　　　　　)しており，ねばりが(25　　　　)。

★ **4.** **小麦粉の用途について，(　　)に入る適語を選択肢から選び，記号で答えよう。**

小麦粉の種類	たんぱく質含有量(%)	用途
薄力粉	約 8 ~ 9	(26　　) (27　　) (28　　)
中力粉	約 9 ~ 10	(29　　) (30　　) (31　　)
強力粉	約 12	(32　　) (33　　) (34　　)

ア　パスタ類　　イ　ケーキ　　ウ　食パン　　エ　うどん　　オ　そうめん　　カ　中華めん
キ　クッキー　　ク　ふ　　ケ　天ぷらのころも

★★ **5.** **砂糖の性質についてまとめよう。**

溶解性	35
脱水性	36
防腐性	37
でんぷんの老化防止	38
着色の作用	39

memo

6 食生活

3 栄養と食品のかかわり(2)

教 p.101 ～ 103

1 脂質とその食品

教 p.101

★ **1. 脂質の種類と特徴について，(　　)のなかに適語を記入しよう。**

▶食用油脂類や肉の脂身など目に見えるものは (1　　　　　) で，(2　　　　　) と (3　　　　) が三つ結合している。その他，(4　　　　　)・(5　　　　　　　) などの種類がある。中性脂肪は，(6　　　　　　)，(7　　　　　　　　　)，(8　　　　　　) などのはたらきがある。

▶脂肪酸は，(9　　　　　　)・(10　　　　　　　　)・(11　　　　　　　　) に分けられる。飽和脂肪酸は，(12　　　　　　) に多く含まれる。多価不飽和脂肪酸には，(13　　　　　) や (14　　　　　　) などの体内ではつくることができない (15　　　　　) が含まれ，(16　　　　　　　) や (17　　　　　　) に必要な成分である。

★ **2. 脂肪酸の種類と特徴について，資料25 を見て，(　　)に入る適語を選択肢から選び，記号で答えよう。**

種類				多く含む食品	主なはたらき
飽和脂肪酸			(18　　　)など	(19　　　)(20　　　) (21　　　)	(22　　　)(23　　　)
不飽和脂肪酸	一価不飽和脂肪酸		(24　　　)など	(25　　　) なたね油	血中(26　　　)を減少
不飽和脂肪酸	多価不飽和脂肪酸	リノール酸系 (n-6系)	リノール酸 アラキドン酸　など	(27　　　)(28　　　) ひまわり油	(29　　　)に必要
不飽和脂肪酸	多価不飽和脂肪酸	α-リノレン酸系 (n-3系)	α-リノレン酸 (30　　　)(31　　　) など	しそ油 なたね油 (32　　　)	(33　　　)に必要

ア　DHA　　イ　IPA　　ウ　オレイン酸　　エ　パルミチン酸　　オ　オリーブ油　　カ　魚
キ　大豆油　　ク　牛・豚・鶏の肉　　ケ　バター　　コ　コーン油　　サ　パーム油
シ　成長・発育　　ス　エネルギー源　　セ　貯蔵脂肪　　ソ　神経細胞のはたらき
タ　コレステロール

★★ **3. トランス脂肪酸はどのような過程で生成されるか，またどのような食品に含まれるか，答えよう。**

▶過程　(34　　　　　　　　　　　　　　　　　　　　)

▶食品　(35　　　　　　　　　　　　　　　　　　　　)

年　組　番　名前　検印

2 たんぱく質とその食品　教 p.102～103

★ **1.　たんぱく質の種類と特徴について，(　　)のなかに適語を記入しよう。**

▶たんぱく質は，からだをつくるすべての細胞や組織の(1　　　　　)であり，また細菌に対する(2　　　　　)などの材料として重要である。たんぱく質をつくるアミノ酸は約(3　　　)種類ある。そのうち，体内で合成できない９種類を(4　　　　　　　)という。体内で貯蔵することはできないため，(5　　　　　)からとらなければならない。

▶たんぱく質の栄養価を表す方法に(6　　　　　　)などがある。一般に，(7　　　　　　)より(8　　　　　　)のほうが栄養価は高い。しかし，栄養価の低いたんぱく質でも，不足しているアミノ酸を多く含む食品と組み合わせると，栄養価を高くすることができる。これを(9　　　　　　　　)という。

★★★ **2.　たんぱく質の補足効果について，小麦と卵の組み合わせを例に説明しよう。**

10

★ **3.　たんぱく質を多く含む食品について，(　　)のなかに適語を記入しよう。**

▶魚肉たんぱく質には(11　　　　　)が多い。脂質は，(12　　　　　　　)を多く含み，(13　　　　　)や(14　　　　　)などの予防に効果があるといわれる。肉類は良質なたんぱく質の他，(15　　　　)，(16　　　　)，(17　　　　　　　)などに富む。卵黄はたんぱく質・(18　　　　　　　)・(19　　　　　)・ビタミンなどを含む。大豆たんぱく質のアミノ酸組成は，穀類に不足している(11　)を多く含んでおり，(20　　　　　)といわれる。

★ **4.　卵の調理性について，(　　)のなかに適語を記入しよう。**

調理性	調理・加工品
【熱凝固性】卵黄は約(21　　　)℃，卵白は約(22　　　)℃で凝固する。	ゆで卵 (23　　　　　)のつなぎ
【乳化性】卵黄中の(24　　　　　)は油を乳化する。	(25　　　　　)
【(26　　　　)性】卵白のたんぱく質は，撹(かく)はんするとよく泡立つ。温めるとよく泡立ち，(27　　　　)を加えると安定する。	(28　　　　) (29　　　　　)
【(30　　　　)性】卵液は，水・牛乳・豆乳と混ざりやすい。	(31　　　　)　(32　　　　) (33　　　　　　)

memo

6 食生活

3 栄養と食品のかかわり(3)

教 p.104 ～ 107

1 ミネラルとその食品

教 p.104

★ **1.** ミネラルのはたらき，多く含む食品，欠乏症について，(　　)のなかに適語を記入しよう。

種類	はたらき	多く含む食品	欠乏症
カルシウム(Ca)	(1　　　)の成分 (2　　　)の凝固作用	(3　　　)・乳製品・ (4　　　)・野菜	(5　　　) 成長不良
リン(P)	(6　　　)の成分 体液の pH 調節	(7　　　)・肉 (8　　　)・加工食品	(9　　　)の 発達障害
鉄(Fe)	(10　　　)の運ぱん (11　　　)の排出	(12　　　)・卵黄・ 肉・(13　　　)	(14　　　)
ナトリウム(Na)	細胞の(15　　　)の調節 pH 調節，(16　　　)	(17　　　)・みそ・ (18　　　)・干物	
カリウム(K)	細胞の(15　)の調節 (19　　　)の機能維持	野菜・(20　　　)・ (21　　　)	(22　　　)
マグネシウム(Mg)	(6　)の成分 筋肉の(23　　　)	(21　)・ (24　　　)	(25　　　)の 形成障害
銅(Cu)	(26　　　)の合成 (27　　　)に必要	(12　)・ (24　)・ココア	(28　　　) (29　　　)
亜鉛(Zn)	たんぱく質や(30　　　)の 合成	(31　　　)・肉・ 卵・(32　　　)	成育障害 (33　　　)

★ **2.** ミネラルを多く含む食品について，(　　)のなかに適語を記入しよう。

▶日本人に不足しがちなミネラルは，カルシウムと(34　　　)である。カルシウムの供給源である牛乳は，ほとんどの栄養素をバランスよく含む。カルシウムと(35　　　)との比率((36　　　))がよく，(37　　　)も高い。牛乳は加工性に優(すぐ)れ，(38　　　)・(39　　　)などさまざまな乳製品に加工されている。海藻類はカルシウム・(34　)・(40　　　)などのミネラルや，(41　　　)・(42　　　)を含む。海藻類の炭水化物は，(43　　　)として有効なはたらきがある。

memo

2 ビタミンとその食品 教p.105

★ **1. ビタミンを多く含む食品，欠乏症について，(　　)のなかに適語を記入しよう。**

種類		多く含む食品	欠乏症
脂溶性ビタミン	ビタミンA	バター・チーズ・(1　　　)・うなぎ・緑黄色野菜	(2　　　)　発育障害
	ビタミンD	魚・(3　　　)	(4　　　)　骨軟化症
	ビタミンE	小麦胚芽・植物油・(5　　　)	(6　　　)　位置感覚障害
	ビタミンK	緑黄色野菜・(7　　　)	(8　　　)
水溶性ビタミン	ビタミンB_1	胚芽・卵黄・(9　　　)・豆類	(10　　　)　食欲不振
	ビタミンB_2	(11　　　)・牛乳	口角炎・発育阻害
	ビタミンC	いちご・みかん・緑黄色野菜	(12　　　)　皮下出血
	ナイアシン	レバー・魚・(13　　　)	(14　　　)　胃腸炎
	葉酸	緑黄色野菜・レバー	悪性貧血　(15　　　)

★ **2. ビタミンを多く含む食品について，(　　)のなかに適語を記入しよう。**

▶野菜は，(16　　　)，(17　　　)などのミネラル，(18　　　)の供給源である。水分が多く，(19　　　)である。野菜は，可食部の(20　　　)含量の違いから，(21　　　)と(22　　　)に分けられる。

▶(23　　　)は野菜と同様，ビタミン・ミネラル・食物繊維の供給源である。

▶きのこは，(24　　　)の供給源である。(25　　　)・ナイアシン・食物繊維も多い。独特の香り，うま味((26　　　))，歯ごたえなどが好まれる。

3 その他の食品 教p.106～107

★ **1. 特別用途食品と保健機能食品について，(　　)のなかに適語を記入しよう。**

特別用途食品		乳児・(1　　　)・(2　　　)・えん下(げ)困難者・病人など，特別な状態にある人の利用を目的とした食品。
保健機能食品	栄養機能食品	高齢化などにより，(3　　　)が困難で，1日に必要な(4　　　)が摂取(せっしゅ)できない場合に，栄養成分の(5　　　)・(6　　　)の目的で摂取する食品。
	機能性表示食品	特定保健用食品とは異なり，国が(7　　　)と(8　　　)の審査は行っておらず，届出制となっている。疾病(しっぺい)の診断・治療・予防を目的としたものではない。
	特定保健用食品	お腹の調子を整えることや，(9　　　)や(10　　　)が高めの人に適するなど，からだの(11　　　)に影響を与える保健機能成分を含み，摂取により，その保健の目的が期待される食品。

4 食品の選び方と安全

教 p.108 ～ 111

1 食品の選び方 教 p.108 ～ 109

★ **1. 食品表示について，(　　)のなかに適語を記入しよう。**

▶すべての飲食料品には，(1　　　　　　　)により，食品表示が義務づけられており，(2　　　　　　)が選択のポイントになる。また，生鮮食品には(3　　　　　)と(4　　　　　　)が表示されているので，確認して購入したい。加工食品のうち，パックなどに包装されているものには，(5　　　　　)，原材料(食品添加物，アレルギー物質，遺伝子組換え食品を含む)，(6　　　　　　)，消費期限または賞味期限，(7　　　　　　　)，製造者などが表示されている。その他，パッケージなどについているマークなども確認して購入したい。

★★ **2. アレルギー物質について，表示義務化された８品目を答えよう。**

(8　　　　　　　　　　　　　　　　　　　　　　　　　　)　※表示義務の完全施行は 2025 年 4 月。

★★ **3. 消費期限，賞味期限が表示されている食品を選択肢から選び，記号で答えよう。**

▶消費期限が表示されている食品…(9　　　)(10　　　)

▶賞味期限が表示されている食品…(11　　　)(12　　　)

ア　総菜　　イ　牛乳　　ウ　冷凍食品　　エ　調理パン

★ **4. 食品のマークについて，(　　)のなかに適語を記入しよう。**

公正マーク	地域特産品認証マーク	MSC 海のエコラベル
不当表示や(13　　　　　　)を規制する目的で，各業界がつけている。	都道府県が定めた認証基準に適合する(14　　　　　　)につける。E マークともいう。	MSC(海洋管理協議会)により，海洋の(15　　　　　)や(16　　　　　)を守って捕獲された(17　　　　　)につけられる。

2 食品を保存する 教 p.109

★ **1. 微生物の繁殖を防ぐための保存方法について，(　　)のなかに適語を記入しよう。**

乾燥	微生物の活動を抑えるため，(1　　　　　)を減らす。乾麺，干物，切干だいこんなど
発酵	(2　　　　　　)により他の微生物の活動を抑える。(3　　　　　)，(4　　　　　)など
燻煙	煙の(5　　　　)や(6　　　　　)効果。ベーコンなど
塩漬け	微生物が利用できる食品中の(7　　　　)を減少させる。塩辛，(8　　　　　　)など
砂糖漬け	微生物が利用できる食品中の(9　　　　)を減少させる。(10　　　　　　)など
酢漬け	(11　　　　　)にして微生物の繁殖を抑える。らっきょう，(12　　　　　　)など

3 食品の衛生と安全 （教 p.110～111）

★ **1.　食中毒予防の六つのポイントについて，（　　）のなかに適語を記入しよう。**

①食品の購入…生鮮食品は，（1　　　）なものを購入する。（2　　　）や保存方法などを確認し，冷蔵や冷凍などの（3　　　）が必要なものは最後に購入。

②家庭での保存…冷蔵庫や冷凍庫の（4　　　）に注意し，適性温度で維持する。

③下準備…洗浄剤で（5　　　）。調理に使う分だけ解凍し，すぐ調理する。調理器具は（6　　　）する。

④調理…食品は十分に（7　　　）する。

⑤食事…洗浄剤で（5　）。清潔な食器に盛りつける。（8　　　）に長く放置しない。

⑥残った食品…きれいな器具，食器を使って保存する。時間が経ち過ぎたら（9　　　）。十分に（10　　　）する。

★ **2.　食品添加物について，（　　）のなかに適語を記入しよう。**

用途名	目的	代表的なもの	食品例
（11　　）	食品を甘くする	（12　　）・ （13　　）・ （14　　）	（15　　）・ 菓子・ジャム・ 漬け物
（16　　）	食品に色をつける	（17　　）・ （18　　）	（19　　）・ （20　　）・ 魚肉ソーセージ
（21　　）	食品の保存性を高める	（22　　）・ （23　　）	しょうゆ・みそ・バター・（24　　）
（25　　）	酸化による品質の低下を防ぐ	L-アスコルビン酸・ （26　　）	バター・油脂・ （27　　）
（28　　）	かびの発生を防止	イマザリル・ジフェニル・ （29　　）・ （30　　）	（31　　）・ （32　　）・ （33　　）
（34　　）	食品を漂白する	（35　　） ・次亜塩素酸ナトリウム	（36　　）・ こんにゃく粉

★★★ **3.　加工食品の原材料を見て，添加物をあげてみよう。**

37

memo

5 食事の計画と調理

教 p.112～121

1 食事摂取基準と食品摂取量のめやす 教 p.112～115

★ **1. 食事摂取基準について，(　　)のなかに適語を記入しよう。**

▶食事摂取基準は, 健康な(1　　　　)ならびに(2　　　　)を対象として, 国民の健康の(3　　　　)・(4　　　　), (5　　　　)を目的として策定されている。食事摂取基準では, エネルギーの摂取量および消費量のバランスの維持を示す指標として，(6　　　　)が採用されている。

★ **2. あなたのBMIを計算してみよう。**

体重(　　　　)kg / 身長(　　　)m ×身長(　　　)m　　BMI (　　　　)

★ **3. 資料54・資料55を見て，あなたの身体活動レベルを選び，推定エネルギー必要量を確認しよう。**

▶身体活動レベル (　　　　)　▶推定エネルギー必要量 (　　　　)kcal

★ **4. 資料60を見て，あなたの食品群別摂取量のめやすをつくろう。**

食品群	第１群		第２群		第３群			第４群		
身体活動レベル	乳・乳製品	卵	魚介・肉	豆・豆製品	野菜	いも	くだもの	穀類	油脂	砂糖
(　　　　) 年齢(　　)歳	g	g	g	g	g	g	g	g	g	g
栄養的特徴	身体組織の構成		身体組織の構成		生理機能を調節する			エネルギー源		

2 家族の食事計画 教 p.116～117

★ **1. 食生活の特徴について，p.95 資料8を見て，(　　)のなかに適語を記入しよう。**

妊娠期・授乳期	(1　　　)・(2　　　)・(3　　　)・(4　　　)の不足に注意する。(5　　　)・(6　　　)を控える。(7　　　)は避ける。
乳幼児期	成長に合った消化のよい食べ物にする。(8　　　)にして多くの食品を経験させる。３回の食事以外に(9　　　)で栄養を補う。
成人期	(10　　　)や(11　　　)の摂取を控え, (12　　　)を多く摂取する。
高齢期	食事摂取量の減少やかたよりによる低栄養や骨粗鬆症に注意し, (13　　　)・(14　　　)・(15　　　)・(16　　　)をとる。からだの状態に合わせ消化がよく，食べやすく飲みこみやすいように工夫する。(17　　　)を心がける。

年	組	番	名前	検印

★★★ **2.** **以下の献立の栄養価を計算し，1食分のめやすと比較してみよう。**

○女性・16歳・身体活動レベルⅡ　　＊計算方法は，p.112を参照

献立	材料	分量 (g)	エネルギー (kcal)	たんぱく質 (g)	カルシウム (mg)	鉄 (mg)	ビタミンA (μgRAE)	ビタミンC (mg)
バター付きトースト	食パン	100	269	9.7	26	0.5	—	0
		70						
	バター	100	700	0.6	15	0.1	520	0
		5						
ミルクティー	紅茶	100	1	0.1	1	0	0	0
		150						
	牛乳	100	61	3.3	110	0.02	38	1
		50						
くだもの	キウイフルーツ	100	51	1.0	26	0.3	4	71
		50						
合計 A								
1食分のめやす（1日の食事摂取基準の1/3） B				（推奨量）	（推奨量）	（推奨量）	（推奨量）	（推奨量）
比率 A／B×100（%）								

★★★ **3.** **比率を円グラフに表してみよう（外円周上を100とする）。**

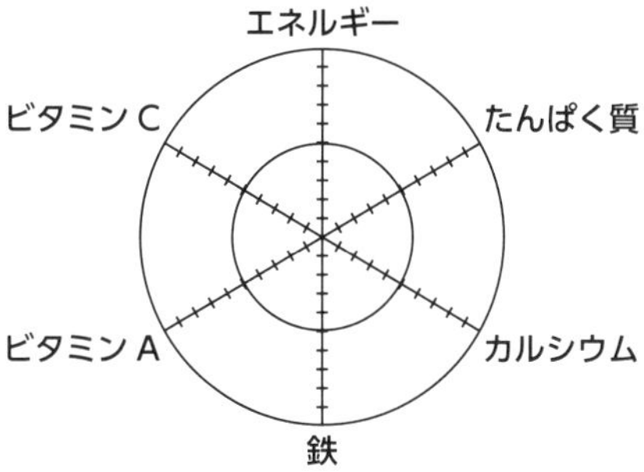

わかったこと

memo

6 食生活

★ **4. 汁物の塩分について，p.250 を見て，(　　)の中に適する数字を記入しよう。**

▶汁物の塩分は，(18　　　　　)％が適当とされ，煮物などでは，材料の(19　　　　　)％の塩分が使われる。しょうゆは(20　　　　　)％，みそは(21　　　　　)％の塩分を含むので，しょうゆは，食塩で調理する場合の約(22　　　　　)倍，中からのみそでは，約(23　　　　　)倍の量が必要である。

★ **5. p.251 を見て，いろいろな調理法についてまとめよう。**

調理法	特徴	温度	主な料理
炒(いた)める	◎(24　　　)温・(25　　　)時間 ◎(26　　　　　)の損失が少ない ◎(27　　　)の香味が加わる	(28　　　　　)℃	(29　　　　　) (30　　　　　)
揚げる	◎(31　　　)温・(32　　　)時間 ◎食品の(33　　　　)が減少し， (34　　　)を吸収する	(35　　　　　)℃	(36　　　　　) (37　　　　)
焼く	◎こげの風味が加わり，(38　　　　)がよい ◎(39　　　　)の調節が難しい	(40　　　　　)℃	(41　　　　) (42　　　　　　)
煮る	◎(43　　　　　)で味をつけられる ◎煮くずれし，煮汁に栄養分や (44　　　　　)が逃げやすい	(45　　　)℃	(46　　　　　) (47　　　　)
ゆでる	◎食品の(48　　　　)・脱水， (49　　　　　　)の凝固，(50　　　) の保持 ◎(51　　　　　　)の除去を行う	(52　　　)℃	(53　　　　) (54　　　　　　)
電子レンジ	◎マイクロ波が食品の(55　　　　)を激しく(56　　　　)させ，発熱させる ◎(57　　　)時間で加熱	(58　　　)℃	加熱調理 (59　　　　) (60　　　　)
蒸す	◎食品の形がくずれない ◎(61　　　　)時間が長い	(62　　　　　)℃	(63　　　　　　)

★ **6. テーブルセッティング(日本料理の配膳)について，p.253 を見て，当てはまる料理を囲みから選び，(　　)のなかに記入しよう。**

飯
みそ汁
魚のさしみ
野菜の煮物
ほうれん草のごまあえ

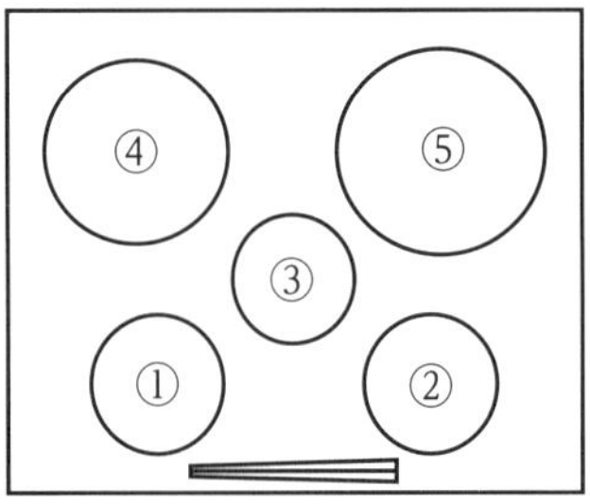

①(64　　　)
②(65　　　　)
③(66　　　　　　　　)
④(67　　　　　)
⑤(68　　　　　)

★ **7. 献立を考えるポイントについて，(　　)のなかに適語を記入しよう。**

栄養とし好	・(69　　　　)を利用して，(70　　　　)の栄養を満たすようにする。 ・家族の(71　　)・(72　　)・(73　　)による特徴やし好を考えて，適切な材料・(74　　)・(75　　)を工夫(くふう)する。
費用	・予算を立て，それに応じて(76　　)を選ぶ。 ・一般に，生鮮食品は(77　　)の物を選ぶと(78　　)なことが多い。
調理の効率	・調理の(79　　)や(80　　)の配分を考える。複雑な調理と単純な調理を組み合わせて(81　　)よくする。さまざまな調理器具を利用する方法もある。
環境	・(82　　)でとれた食材を利用することで，輸送にかかる(83　　)を節約できる。 ・食品をむだにしないために(84　　)を守る。
安全	・食べる人の(85　　)をチェックする。 ・食中毒が起きやすい時期は，(86　　)を控える。

★★★ **8. 資料63 を参考に，家族の栄養とし好を考え，1食分の献立を作成しよう。**

家族の栄養とし好	主菜を決める	副菜・汁物を決める	主食を決める	できあがり献立
87	88	89	90	91

memo

3 調理の準備から後かたづけまで　教 p.118～121

★ **1.** **調理の一連の流れについて，（　）のなかに適語を記入しよう。**

①（1　　　　　　）

②食材の調達

…使用する食品の（2　　　　　）を計算，（3　　　　　）のチェック，（4　　　　　）

③（5　　　　　　）

④（6　　　　）準備

⑤調理…（7　　　　）・（8　　　　）・（9　　　　）・（10　　　　）・（11　　　　）

⑥（12　　　　　）・（13　　　　）

⑦（14　　　　）

⑧後かたづけ

⑨評価・反省

★★ **2.** **廃棄率について，ピーマンの可食部を計算しよう。**

ピーマン 1 個		ピーマンの廃棄率 15%		廃棄量
(40g)	×	（15　　　　）	——→	（16　　　）
ピーマン 1 個		廃棄量		可食部
(40g)	−	（16　）	=	（17　　　）

★ **3.** **衛生的な調理について，（　）のなかに適語を記入しよう。**

▶（18　　　　）を切り，（19　　　　）で手を洗う。

▶身じたくを整える。

▶野菜などをよく（20　　　　）。肉や魚などの生鮮食品は，調理にかかるまで（21　　　　）に保管する。

▶まな板は，肉と野菜を（22　　　　）で使わない。

▶（23　　　　）や（24　　　　）などは，中心部まで火を通す。

▶ふきんやまな板は，使用後（25　　　　）や（26　　　　）で殺菌し，両面をよく乾かす。

★ **4.** **野菜の処理のしかたについて，p.250 を見て，当てはまる切り方の名称を記入しよう。**

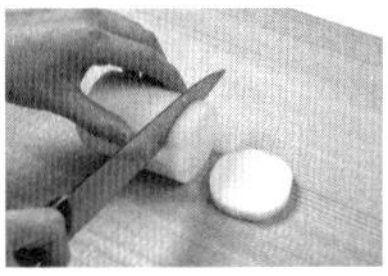
（27　　　　　）

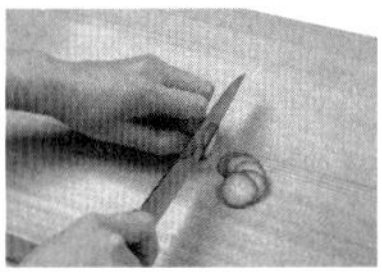
（28　　　　　）

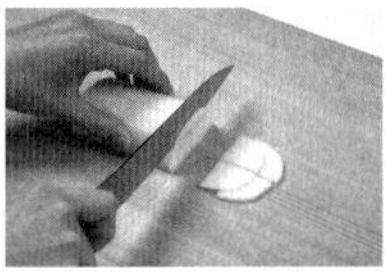
（29　　　　　）

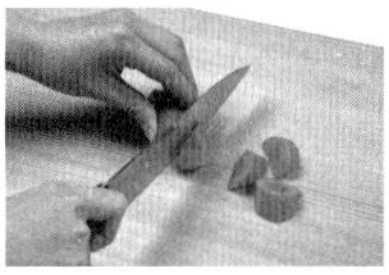
（30　　　　　）

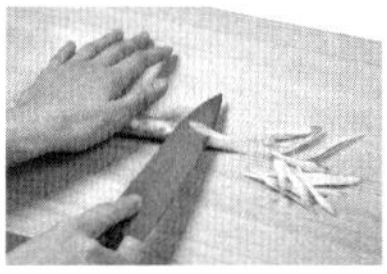
（31　　　　　）

（32　　　　　）

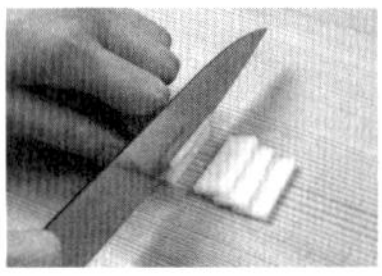
（33　　　　　）

（34　　　　　）

（35　　　　　）

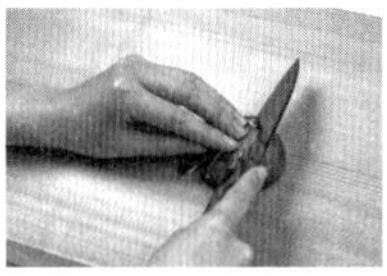
（36　　　　　）

年　組　番 名前　検印

★ **5.** p.250「食品の重量と容量のめやす」を参考に，(　　)のなかに適する数字を記入しよう。

	小さじ 5mL	大さじ 15mL	カップ 200mL
水・酢・酒	(37　　) g	(38　　) g	(39　　) g
しょうゆ・みりん・みそ	(40　　) g	(41　　) g	(42　　) g
食塩	(43　　) g	(44　　) g	(45　　) g
上白糖	(46　　) g	(47　　) g	(48　　) g
小麦粉(薄力粉)	(49　　) g	(50　　) g	(51　　) g
サラダ油・バター	(52　　) g	(53　　) g	(54　　) g

★★★ **6.** 調味の「さしすせそ」とは何か，また調味料を加える順番について説明しよう。

55

★ **7.** 後かたづけの際の食器や器具の処理や洗うコツを選択肢から選び，記号で答えよう。

▶木のわんやはし　(56　　)
▶油汚れのついた食器　(57　　)
▶グラス類　(58　　)
▶ごはんやみその入ったなべや食器　(59　　)
▶カレーやシチューなどのソース類をつくったなべ　(60　　)
▶食べ残しや油，ソースのついた皿　(61　　)

ア　洗剤液をはっておく。　イ　長く水につけない。すすいだらやわらかい布でふく。
ウ　水につけておく。　エ　すすいだらかぶせて乾かす。熱い湯をくぐらせると乾きが早い。
オ　いらない紙でふきとる。　カ　湯で油を落としてから洗う。

memo

6 食生活

6 これからの食生活を考える

教 p.138 ～ 141

1 日本の食料はどこから

教 p.138 ～ 139

★★ **1.** 日本の食料自給率が低下を続けているのはなぜか，説明しよう。

1

★ **2.** 輸入食品への依存について，（　）のなかに適語を記入しよう。

▶輸入に依存した食生活は，（2　　　）の事情によって変動しやすく，（3　　　）である。（4　　　）が，台風や干ばつなどの気候の変化で不作になった場合，輸入ができなくなる。（5　　　）や（6　　　）などの家畜の伝染病により，輸入を停止したこともある。また，（7　　　）を防止するために，石油から（8　　　）へのエネルギーの移行に向けた取り組みが進められており，（9　　　）の食用以外への需要も増加している。輸出国のなかには，自国の農産物が不足しないように輸出を制限し始めた国もある。

★★ **3.** バーチャル・ウォーターとはどのようなことか，説明しよう。

10

★★★ **4.** 食料自給率向上のための五つのアクションについて，（　）のなかに適語を記入し，具体的にどうすればよいか話しあおう。

食料自給率向上のための五つのアクション	具体的な取り組み
①（11　　　）の食材を選ぶ。 ②（12　　　）の食材を利用する。 ③（13　　　）を中心に（14　　　）をたっぷり使った食事をとる。 ④（15　　　）を減らす。 ⑤食料自給率を高めるための取り組みを知り，（16　　　）する・（17　　　）する。	18

2 食の安全と環境への配慮

教 p.140 ～ 141

★★ **1.** 現代の大量生産・大量流通・大量消費に依存した簡便な生活がもたらした問題にはどのようなものがあるか，答えよう。

1

★ **2. 食品安全委員会について，(　　)のなかに適語を記入しよう。**

▶(2　　　　　)に設けられた専門機関である。さまざまな食品を(3　　　　　)に調べ，(4　　　　　　　　　)を評価する他，評価内容についての話しあいを設けたり，(5　　　　　)など緊急の事態に対応するなどの役割がある。

★★ **3. ポストハーベストとはどのようなことか，説明しよう。**

6

★ **4. 環境への取り組みについて，(　　)のなかに適語を記入しよう。**

▶その地でとれたものをその地で消費することを(7　　　　　　)という。地元の食材を利用することで，(8　　　　)のコストが削減され，(8　)により排出される(9　　　　　　　)の量を減らすことができる。また，(10　　　　)や(11　　　　　　)の食材を使用することでも$_A$むだなエネルギーをカットすることができる。

▶$_B$食べられるのに捨てられてしまう食品のことを(12　　　　　　)という。(12　)が増えることにより，輸送に使用した(13　　　　　　　　)をむだにすることになる。(14　　　　　　　　)を維持するために，食品の(15　　　　)から(16　　　　)，(17　　　　)，(18　　　　　)にいたるまで，(19　　　　　)のために積極的に取り組みたい。

★★ **5. 4. の下線部 A について，ハウス加温・冬春どりきゅうりを生産することでかかる環境への負荷について，(　　)のなかに適語を記入しよう。**

▶ハウス加温・冬春どりきゅうり 1kg を生産するために必要なエネルギーは，露地(ろじ)・夏秋どりきゅうりを生産するエネルギーの約(20　　　)倍である。これは，ハウス加温の暖房に必要な燃料に使うエネルギー代金がかかるからである。

★ **6. 4. の下線部 B の原因について，(　　)のなかに適語を記入しよう。**

直接廃棄	食べ残し	過剰除去
(21　　　　) (22　　　　　　　) (23　　　　　　　) (24　　　　　　)	(25　　　　　) (26　　　　　) (27　　　　　)	(28　　　　　　)

memo

調理実習の記録

第　　回　　　　　　　　　　月　　日（　　）

献立	盛りつけ配膳図	この献立の栄養価
		・エネルギー　kcal ・たんぱく質　g ・脂質　g ・塩分　g
実習のねらい		材料費（1人分） 円

調理名	材料名	分量 1人分 g(mL)	(　) 人分 g(mL)	概量	作り方の要点	担当者

必要な用具・器具	

年	組	番	名前	検印

〈記録〉　調理のポイント，応用調理，応用材料　など

自己評価（A：優れている　B：普通　C：努力を要する）

・計画，準備	A――B――C
・身じたく	A――B――C
・グループ内での分担，協力	A――B――C
・実習への意欲，取り組み	A――B――C
・学習内容の理解	A――B――C
・調理技術	A――B――C
・盛りつけ，配膳	A――B――C
・味，できあがり	A――B――C
・後かたづけ	A――B――C

〈反省・感想〉

〈今後の生活で改善・実行していきたいこと，さらに詳しく調べてみたいこと　など〉

調理実習の記録

第　　回　　　　　　　　月　　日（　　）

献立	盛りつけ配膳図	この献立の栄養価
		・エネルギー　kcal ・たんぱく質　g ・脂質　g ・塩分　g
実習のねらい		材料費（1人分） 円

調理名	材料名	分量 1人分 g（mL）	（　　） 人分 g（mL）	概量	作り方の要点	担当者

必要な用具・器具	

年	組	番	名前	検印

〈記録〉　調理のポイント，応用調理，応用材料　など

自己評価（A：優れている　B：普通　C：努力を要する）

・計画，準備	A —— B —— C
・身じたく	A —— B —— C
・グループ内での分担，協力	A —— B —— C
・実習への意欲，取り組み	A —— B —— C
・学習内容の理解	A —— B —— C
・調理技術	A —— B —— C
・盛りつけ，配膳	A —— B —— C
・味，できあがり	A —— B —— C
・後かたづけ	A —— B —— C

〈反省・感想〉

〈今後の生活で改善・実行していきたいこと，さらに詳しく調べてみたいこと　など〉

調理実習の記録

～食事バランスチェック版～

第　　回　　　　　　　　　　月　　日（　　）

性別（　　　　　）　年齢（　　　　）歳　身体活動レベル（　　　　　）

献立	盛りつけ配膳図	この献立の栄養価
		・エネルギー　kcal ・たんぱく質　g ・脂質　g ・塩分　g
実習のねらい		材料費（1人分） 円

調理名	材料	分量 1人分 g(mL)	食品群 第1群 乳・乳製品	第1群 卵	第2群 魚介・肉	第2群 豆・豆製品	第3群 野菜	第3群 いも	第3群 くだもの	第4群 穀類	第4群 油脂	第4群 砂糖	その他
合計													
食品群別摂取量のめやす（1人1日分）													
過不足※													

年 組 番 名前 検印

〈記録〉 調理の理論，調理のポイント など

〈※不足分を補う献立〉

〔朝食〕

〔夕食〕

自己評価（A：優れている B：普通 C：努力を要する）

・計画，準備	A——B——C
・身じたく	A——B——C
・グループ内での分担，協力	A——B——C
・実習への意欲，取り組み	A——B——C
・学習内容の理解	A——B——C
・調理技術	A——B——C
・盛りつけ，配膳	A——B——C
・味，できあがり	A——B——C
・後かたづけ	A——B——C

〈反省・感想〉

〈今後の生活で改善・実行していきたいこと，さらに詳しく調べてみたいこと など〉

確認してみよう

1 武士の正式な供応食(きょうおうしょく)として室町時代に成立し，江戸時代末期には，庶民にも広がり昭和にいたるまで冠婚葬祭(かんこんそうさい)に用いられた。これを基礎として一汁二菜(いちじゅうにさい)あるいは一汁三菜を基本とする日常食が確立した。この伝統的な料理形式を何というか。

2 日本列島は南北に長く，70% が山林で，地域により気候風土が違うため，全国各地に独自の料理や食品が発達している。この料理や食品を何というか。

3 日本特有の食文化である「和食」は「自然の尊重」の下に発展してきた。ユネスコ無形文化遺産に登録されたのは何年何月か。

4 食べることができない拒食症，食べることがやめられない過食症，どちらでもない特定不能に大別される，食事量がコントロールできない状態を何というか。

5 悪性新生物（がん）・心疾患・脳卒中・糖尿病・高血圧・脂質異常症（高脂血症）・肥満など，食生活や運動習慣・休養・喫煙(きつえん)・飲酒などの生活習慣によって引き起こされる病気の総称は何か。

6「コ食」について，「ひとりで食事をすること」に適する漢字を書きなさい。

7 うま味について，こんぶ・たまねぎに含まれるうま味成分を答えなさい。

8 炭水化物，脂質，たんぱく質，ミネラル，ビタミンをあわせて何というか。

9 でんぷんには，アミロースとアミロペクチンの 2 種類があるが，うるち米に約 20% 含まれ，ねばりが弱いでんぷんはどちらか。

10 小麦のたんぱく質の主なものは，グリアジンとグルテニンであるが，水を加えて練ることで，これらがからみあい，ねばりと弾力が出る。この時にできるねばりの強いたんぱく質のかたまりを何というか。

11 脂質を構成する脂肪酸の種類に多価不飽和脂肪酸がある。多価不飽和脂肪酸には，リノール酸やα-リノレン酸など，からだの発育や健康の保持に必要な成分であるが体内ではつくることのできない脂肪酸がある。これらの脂肪酸を何というか。

年	組	番	名前	検印

12 栄養価の低いたんぱく質でも，不足しているアミノ酸を多く含む食品と組み合わせると，低い栄養価を高くすることができる。これを何というか。

13 日本人に不足しがちなミネラルは，カルシウムと何か。

14 ビタミンには，油にとける脂溶性と水にとける水溶性がある。尿中に排出されるため，毎日とらないと不足しやすく，加熱調理により損失することがあるビタミンはどちらか。

15 健康な個人ならびに集団を対象として，国民の健康の維持・増進，生活習慣病の予防を目的として策定されているものを何というか。

16 日本の農林水産業が持っている食べ物を生産できる能力を何というか。

17 食料や畜産物を輸入する消費国が，自国でそれらを生産すると仮定した時に必要となる水の量を推定したものを何というか。

18 収穫後にかびや腐敗を防ぐために農薬を散布することを何というか。

19 食品輸送にかかる環境負荷を示し，輸送量（t）×輸送距離(km) で示される指標を何というか。

20 その地でとれた食材をその地で消費することを何というか。

Plus 1　思い出の食事について発表しよう

あなたの思い出に残る一番の食事は何ですか？　と聞かれたら，あなたはいつの，どの食事を思い浮かべますか？　思い出の食事についてグループで話しあってみよう。

私の思い出に残る食事 いつ・だれと・どんな食事か	
友だちの思い出に残る食事 いつ・だれと・どんな食事か	
グループで話しあって感じたことをまとめよう。 食事の持つ「精神的側面」について考えてみよう。	

1 人と衣服のかかわり

教 p.146 ～ 149

1 人と衣服 教 p.146

★ **1.** 衣服の起源について，(　　)のなかに適語を記入し，説と理由を線で結ぼう。

①(1　　　　)説 •　　　　• ㋐支配者層がその地位を守るため
②特殊性説　　　•　　　　• ㋑自然環境に順応して，生命を維持していくため
③集団性説　　　•　　　　• ㋒悪霊(あくりょう)から逃(のが)れるため
④(2　　　　)説 •　　　　• ㋓美しくありたいという願いから衣服をまとったという説
⑤(3　　　　)説 •　　　　• ㋔狩猟などのためにひもを肩や首からさげ，収穫物や武器を入れたとされる
⑥呪術(じゅじゅつ)説　　　•　　　　• ㋕集団の団結や敵との区別のため

★★★ **2.** 世界の衣服について，資料2以外に何があるか，調べてみよう。

4

2 衣服の機能 教 p.147

★ **1.** 衣服の保健衛生的機能について，(　　)のなかに適語を記入しよう。

▶健康で快適な衣生活を送るためには，適切な衣服の機能が必要になる。衣服の(1　　　　)として(2　　　　)，(3　　　　)，(4　　　　)，(5　　　　)などがある。

★★ **2.** 重ね着をすると暖かくなる理由を，「衣服気候」の言葉を使って，p.146 資料4を参考に説明しよう。

6

★★★ **3.** 生活活動を補助する役割がある衣服では，どのような機能が求められるか考えてみよう。

スポーツウェア	7
日常着	8
リラックス時のウェア	9

★ **4.** 衣服は TPO を考え社会規範に合わせて着用する必要がある。TPO とは何か，答えよう。

▶T(10　　　　)　P(11　　　　)　O(12　　　　)

3 快適な衣服 教p.148

★ **1.** **衣服の快適性を表す要因について，(　　)のなかに適語を記入しよう。**

衣服気候	からだと衣服の間にできる(1　　　　　)で，快適な温度を保つ。
(2　　　　)	運動性の向上や体型の補正などが期待できる。
(3　　　　)	布をさわった時の肌(はだ)ざわりなどの感覚で，布表面の粗(あら)さや伸びやすさなどが関係する。

★ **2.** **年齢や身体能力にかかわらず，すべての生活者に対して適合するデザインは何か，答えよう。**

(4　　　　　　　　　　)

★★★ **3.** **2.の衣服にはどのような例があるか，調べてみよう。**

5

4 衣服の安全性 教p.149

★ **1.** **衣服の安全性について，(　　)に入る適語を選択肢から選び，記号で答えよう。**

▶フードについている(1　　　)が引っかかりけがをしたり，ロングスカートの(2　　　)を踏んで階段で転倒したり，着衣着火など，衣服による事故が起こっている。

▶夜間には(3　　　)のよい色の衣服を着用することで(4　　　)を高めるなど，着用する衣服を工夫することで(5　　　)ことができる。また，(6　　　)靴や衣服の無理な(7　　　)によって(8　　　)が変形し，(9　　　)が生じることもある。

ア　安全性	イ　視認性(しにんせい)	ウ　骨格	エ　ひも	オ　すそ	カ　締めつけ
キ　健康障害	ク　危険を避ける	ケ　からだに合わない			

★★★ **2.** **着衣着火による事故について，調理の場面を例に，原因と事故防止の対策を考えてみよう。**

原因	10
事故防止の対策	11

memo

2 衣服の素材の種類と特徴

教 p.150 ～ 155

1 衣服素材の種類

教 p.150 ～ 152

★ **1.** 天然繊維の種類と特徴について，（　　）のなかに適語を記入しよう。

（○長所　●短所）

分類	繊維名	主成分	原料		それぞれの特徴	共通の特徴
（1　）繊維	（2　）	セルロース		（3　）	○肌ざわりがよい	○（7　）がよい ○熱に強い （アイロンにたえる） ○アルカリに強い ○ぬれると強くなる ●（8　）になりやすい ●乾きにくい
	（4　）			（5　）・ 苧麻など種類は 50種類以上	○さわると （6　）がある （熱伝導率が高い）	
（9　）繊維	（10　）	たんぱく質		（11　）・ アンゴラうさぎ・ らくだ・カシミヤ 山羊	○（12　） が高い ○吸湿性がよい ○はっ水性がある ●フェルト化する	○しわになりにくい ○（16　）がよい ●日光で劣化する（もろくなる）， 黄変する ●アルカリに弱い ●（17　）を受けやすい
	（13　）			（14　）の 繭	○（15　）が ある ○肌ざわりがよい ○軽い	

★ **2.** 化学繊維の種類と特徴について，（　　）のなかに適語を記入しよう。

分類	原料	主な繊維名	それぞれの特徴	共通の特徴
（18　）繊維	（20　綿・木材など　）	（21　）	○吸湿性がよい ●弱い ●ぬれると縮みやすくなる	○（23　）がある ●（24　）と弱くなる
（19　）繊維		（22　）	○絹のような風合い ○熱で型がつけやすい ●しみ抜き剤でとける	
（25　）繊維	主に（26　）	ポリエステル	○張り，かたさがある ●再汚染しやすい	○強くてじょうぶ ○ぬれても強さが変化しない ○（31　）になりにくい ○（32　）やすい ○アルカリに強い ○虫害を受けにくい ●疎水性であるため吸湿性が悪い ●静電気が起こりやすい ●（33　）でとけやすい ●生分解性が低い
		（27　）	○伸びやすくて柔軟 ●張りがない ●日光で黄変する	
		（28　）	○（29　）に似た風合い，保温性が高い ○色が染まりやすい	
		ポリウレタン	○（30　）に優れ，ゴムのようによく伸びる ●塩素系漂白剤に弱い	

★ **3.** **布の種類について，(　　)のなかに適語を記入しよう。**

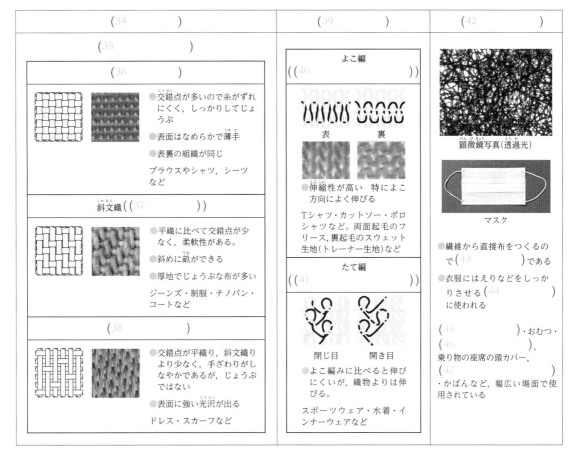

(34　　　　)

(35　　　　)

(36　　　　)

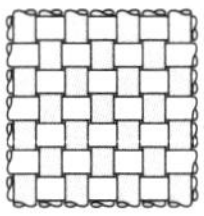

● 交錯点(こうさく)が多いので糸がずれにくく，しっかりしてじょうぶ
● 表面はなめらかで薄手(うすで)
● 表裏の組織が同じ

ブラウスやシャツ，シーツなど

斜文織(しゃもん)((37　　　　))

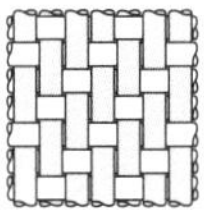
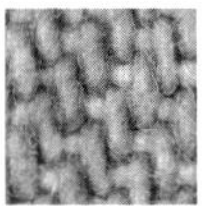

● 平織に比べて交錯点が少なく，柔軟性がある。
● 斜めに畝(うね)ができる
● 厚地でじょうぶな布が多い

ジーンズ・制服・チノパン・コートなど

(38　　　　)

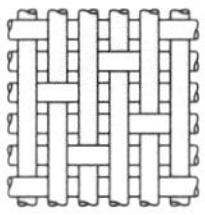
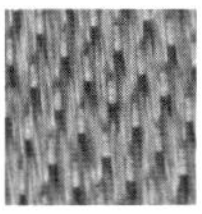

● 交錯点が平織り，斜文織りより少なく，手ざわりがしなやかであるが，じょうぶではない
● 表面に強い光沢(こうたく)が出る

ドレス・スカーフなど

(39　　　　)

よこ編
((40　　　　))

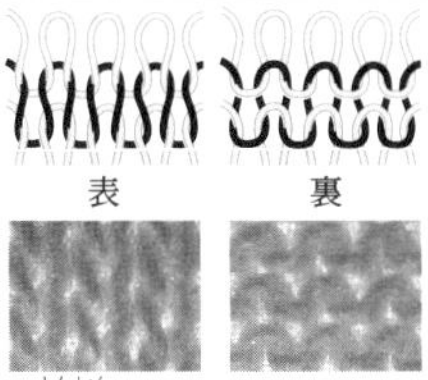

● 伸縮性(しんしゅく)が高い　特によこ方向によく伸びる

Tシャツ・カットソー・ポロシャツなど。両面起毛のフリース，裏起毛のスウェット生地(トレーナー生地)など

たて編
((41　　　　))

● よこ編みに比べると伸びにくいが，織物よりは伸びる。

スポーツウェア・水着・インナーウェアなど

(42　　　　)

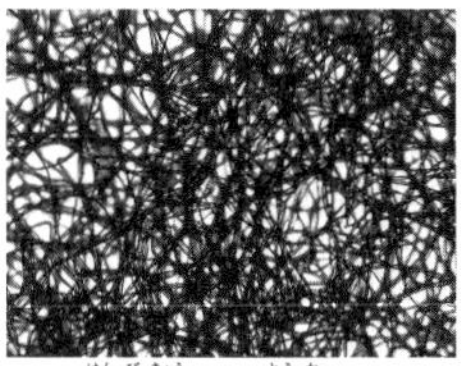

顕微鏡(けんびきょう)写真(透過光(とうか))

マスク

● 繊維から直接布をつくるので(43　　　　)である
● 衣服にはえりなどをしっかりさせる(44　　　　)に使われる

(45　　　　)・おむつ・(46　　　　)，乗り物の座席の頭カバー，(47　　　　)・かばんなど，幅広い場面で使用されている

2 衣服素材の性能 教p.153

★ **1.** **衣服素材の性能について，(　　)に入る適語を選択肢から選び，記号で答えよう。**

快適性にかかわる性能	通気性…(1　　　) 保温性…(2　　　) (3　　　)…動作時にからだがスムーズに動く (4　　　)…気体の水分(湿気)を吸いとる 透湿性(とうしつ)…(5　　　) (6　　　)…液体の水分を吸いとる
(7　　　)性能	燃焼性…燃え方，燃えやすさ 紫外線遮蔽性(しゃへい)…紫外線を防ぐ

ア　吸湿性　　イ　伸縮性　　ウ　夏に涼しく過ごす　　エ　冬に暖かく過ごす　　オ　吸水性
カ　気体の水分を透過(とうか)させる　　キ　安全性にかかわる

★ **2.** **気体の水分(湿気)について，(　　)のなかに適語を記入しよう。**

▶(8　　　　)…人間は1日に無自覚のまま900mLの水分を放出しているといわれており，うち1/3は呼気から，2/3にあたる(9　　　)mLは(10　　　　)からの蒸発である。

3 衣服素材の改善 (教 p.154～155)

★ **1. 衣服素材の性能と具体例を線で結ぼう。**

	性能	具体例
快適性	①保温性 暖かさを保つ能力 •	• ㋐繊維の化学構造が親水性のもの（綿・麻・レーヨンなどセルロース繊維）と，羊毛が湿気を吸いやすい。
	②吸水性 液体の水分を吸収する能力 •	• ㋑繊維間，糸間のすき間（布の気孔）が大きいものが湿気がこもりにくい。
	③吸湿性 気体の水分を吸収する能力 •	• ㋒空気を多く含む布や衣服（ダウンコートなど），首もと・手首・足首が閉じた空気を逃がさない構造の服が暖かい。
	④透湿(とうしつ)性 水蒸気が透過(とうか)する能力 •	• ㋓布の糸同士，繊維同士のすき間が適度にあり，毛細管現象が起こりやすい構造のものが水を吸いやすい。
	⑤通気性 空気が通過する能力 •	• ㋔直通気孔が多いもの，目の粗(あら)い布が風をよく通して涼しい。
	⑥伸縮性 布が伸び縮みする能力 •	• ㋕繊維の種類：綿・麻がしわになりやすい。羊毛・合成繊維はなりにくい。布構造：織物はしわになりやすい。編物はなりにくい。
外観	⑦ピリング性 毛玉のできやすさ，できにくさ •	• ㋖糸の芯(しん)に伸縮(しんしゅく)性の高いポリウレタンを入れることで，布や衣服に高い伸縮性を持たせることができる。布構造としては編物である。
	⑧防しわ性 しわのできやすさ，できにくさ •	• ㋗毛羽の多い糸（紡績糸）・布（セーター・フリースなど）が毛玉ができやすい。合成繊維は強いため毛玉が自然にとれずに残るので目立つ。
安全性	⑨燃焼性 燃えやすさ，燃えにくさ •	• ㋘セルロース繊維は紙と同じように容易に燃える。天然繊維では羊毛，化学繊維ではポリ塩化ビニルが燃えにくい。
	⑩帯電(たいでん)性 静電気の起こりやすさ，起こりにくさ •	• ㋙目の詰(つ)まった布，色が黒の布，繊維の種類ではポリエステルが紫外線を通しにくい。
	⑪紫外線遮蔽(しゃへい)性 紫外線の通しやすさ，通しにくさ •	• ㋚繊維の水分率が低い合成繊維は帯電しやすい。繊維の組み合わせでも帯電のしやすさが異なる。

★★★ **2. スマートテキスタイルとはどのようなものか，調べてみよう。**

★ **3.** 暮らしのなかの衣服の加工について，（　　）のなかに適語を記入しよう。

memo

3 衣服の選択から管理まで
教 p.156 ～ 161

1 衣生活の計画と衣服の購入
教 p.156 ～ 157

★ **1. 衣服入手のポイントについて，(　　)のなかに適語を記入しよう。**

(1　　　　　)・着装	(3　　　　　)	管理・(8　　　　)	材質・(11　　　　)
●(2　　　　) ●着脱の難易 ●色柄・デザイン ●手持ち服との組み合わせ	●(4　　　)・ (5　　　)・ (6　　　)・ (7　　　　)のつけ方 ●縫いしろの幅やしまつ ●布目・縫い目	●(9　　　) ●耐用年数 ●(10　　　)の方法 ●購入先と支払い方法	●(12　　　)性・ (13　　　)性・ (14　　　)性・ (15　　　)性 ●肌(はだ)ざわり ●素材

★ **2. 表示について，(　　)のなかに適語を記入しよう。**

▶購入した衣服には，(16　　　　　　　　　)という法律にもとづき，繊維の組成表示や洗濯などのための(17　　　　　　)がついている。他にもサイズや(18　　　　　)表示，業界団体などの基準による(19　　　　　　　)や注意表示，(20　　　　　　)表示などがある。

★★ **3. 洗濯のための取扱い表示の説明について，合っていれば○を，まちがっていれば正しい答えを記入しよう。**

表示	説明	○または正しい答え
	液温は 40℃を限度とし，洗濯機で洗濯ができる。	21
	酸素系漂白剤のみ使える。	22
	低い温度でのタンブル乾燥ができる(排気温度上限 60℃)。	23
	ドライクリーニングができる。	24
	アイロン仕上げ　底面温度 200℃まで。	25

2 衣服の手入れ
教 p.158 ～ 161

★ **1. 洗濯の方法と特徴について，(　　)のなかに適語を記入しよう。**

▶家庭洗濯…(1　　　　　　)を使う【湿式(しっしき)洗濯】→(2　　　　　)の汚れがよく落ちる

▶商業洗濯…ランドリー，ウェットクリーニング【湿式洗濯】

(3　　　　　　)を使う【乾式(かんしき)洗濯(ドライクリーニング)】→(4　　　　　)の汚れがよく落ちる

年　組　番　名前　検印

★ **2.** **衣服につく汚れの種類について，(　　)のなかに適語を記入しよう。**

汚れの性質	汚れの例
水溶性汚れ	(5　　　)，(6　　　)，食品((7　　　　　)，果汁，でんぷんなど)
油性汚れ	(8　　　　)，(9　　　　　)，食品((10　　　　)，ソースなど)，塗料
固体粒子汚れ	すす，泥，鉄粉など

★ **3.** **洗剤の使い分けについて，当てはまるものを選択肢から選び，記号で答えよう。**

▶一般的な洗濯用洗剤　(11　　　　　　)

▶毛や絹も洗える洗濯用洗剤　(12　　　　　　)

ア　用途　毛・綿・絹(シルク)・麻・合成繊維の洗濯用

イ　用途　綿、麻、合成繊維用

ウ　主成分の界面活性剤の他に，洗浄力を高める成分(汚れを落としやすくする酵素など)を配合。皮脂や食べこぼし，泥などの汚れが多い衣類を，洗濯機の標準コースなどでしっかりと洗う時に向く。

エ　主成分の界面活性剤の他に，衣類の風合いを守る成分を配合。毛羽立ちや縮み，型くずれ，色あせが起こりやすいデリケートな衣類を，洗濯機の手洗いコースなどでやさしく洗う時に向く。

オ　液性は基本的に中性　　カ　液性は弱アルカリ性，中性，弱酸性

★ **4.** **洗濯のポイントについて，(　　)のなかに適語を記入しよう。**

洗濯物の分類	衣類を傷めないために	汚れがひどい時に
汚れの(13　　　　)ものを(14　　　)に洗う，色の(15　　　)ものを別に洗うなど，同条件で洗うものを仕分ければ，効率よく適切に洗濯することができる。	デリケートな衣類は(16　　　　　　)に入れる，(17　　　　　　)を閉じる，衣服を(18　　　　　)などの工夫をする。	(19　　　　)や(20　　　　)(21　　　　)などは塗布用洗剤をつけたり，靴下の底などは手で(22　　　　)をしたりするとよい。肌着などを(23　　　　　　)で洗う場合には，酵素の作用しやすい温度(30 ～ 40℃)の濃いめの洗剤液に1時間ほど(24　　　　　)と，汚れが落ちやすくなる。

★ **5.** **蛍光増白について，(　　)のなかに適語を記入しよう。**

▶蛍光増白は，(25　　　　　)を発する染料を繊維につけて，繊維を(26　　　　)に見えるようにすることである。しかし，(27　　　　　)や(28　　　　)の繊維につくと変色・退色が生じるため，淡い色物の洗濯には(29　　　　　　　)の洗剤を使用する。

memo

4 持続可能な衣生活をつくる

教 p.162 ～ 163

1 衣生活と資源・エネルギー

教 p.162 ～ 163

★ **1. 環境に配慮した衣生活について，(　　)のなかに適語を記入しよう。**

▶衣服は，(1　　　　　　　　　　　)の段階で多くの資源やエネルギーを使用する。私たちは，2015 年に(2　　　　　)で採択された(3　　　　　　　　　　　　　)やエシカル消費の重要性を認識し，一人ひとりが環境負荷の削減をめざし，A(4　　　　　　　　)へ向けて衣生活を見直す必要がある。

★ **2. 洗濯の環境への影響について，(　　)のなかに適語を記入しよう。**

▶毎日行っている洗濯も，(5　　　　　　)，洗剤などの原料資源，電気などの(6　　　　　　　)が必要である。また，洗濯することによって排水問題や繊維から出る(7　　　　　　　　)(マイクロファイバー＝プラスチック)，洗剤容器のごみ問題など多くの環境に影響する問題が生じている。

★★★ **3. 1. の下線部 A について，資料36・資料37を見て，自分ができる行動は何か考えてみよう。**

8

★ **4. (　　)のなかに適語を記入しよう。**

▶(9　　　　　　　)(Ethical) は「(10　　　　　　　)という意味で，人や社会，(11　　　　　　　)，地域に配慮した考え方や行動をさす。「(12　　　　　　　　　　)」「オーガニック」「地産地消」「(13　　　　　　　　　)につながる商品」「伝統工芸」「動物福祉」「(14　　　　　)つき商品」「リサイクル・アップサイクル」など幅広い消費の形があり，だれにでもできる社会貢献の形である。

★★★ **5. エシカル消費のなかで「エシカルファッション」とはどのようなものか，調べてみよう。**

15

★ **6. 使用済みの衣類を，洗ったり，細かく粉砕(ふんさい)した後，化学的に分解し，繊維の原料として利用する方法を何というか，答えよう。**

(16　　　　　　　　　　　　)

★★★ **7. 着用しなくなった衣類を古着としてリサイクルする活動では，どのような配慮が必要か，考えてみよう。**

17

年　組　番　名前　　　　検印

★ **8.** 衣類の再資源化に向けたマークについて，当てはまる名称を答えよう。

(18　　　　　　　　)

(19　　　　　　　　)

★★★ **9.** 衣類の再資源化や再利用の方法は模索が続いている。8. のマークが，購入しようとした衣類についているのを見た時，あなたはどんなことを考えるか，イメージしてみよう。

20

2 国際化する衣生活　教p.163

★ **1.** 次の説明に当てはまる語句を答えよう。

▶短いサイクルで生産し，低価格で販売する衣料品　(1　　　　　　　　)

▶生産者である開発途上国の原料や製品を適正な価格で継続的に購入し，労働者の生活改善と自立をめざす「貿易のしくみ」　(2　　　　　　　　)

★★★ **2.** p.163 Step Up Column について，「買う」または「寄付する」を選んだ人は，それぞれどのようなことを考えたのか，想像してみよう。

買う	3
寄付する	4

memo

7 衣生活

5 衣服の構造・デザイン

教 p.164 ～ 169

1 立体構成・平面構成

教 p.164

★ **1. 次の特徴は立体構成，平面構成のどちらか，答えよう。**

▶人体に合わせて布を裁断（さいだん）し，縫製（ほうせい）されており，人の動きにも着崩（くず）れしにくく活動的である。

（1　　　　　　）

▶反物（たんもの）（着物生地）を直線的に縫製し，ひもや帯を使い，人体に合わせて着用する。

（2　　　　　　）

★ **2. 立体構成（洋服）と平面構成（和服）の展開図について，（　　）のなかに適語を記入しよう。**

▶立体構成

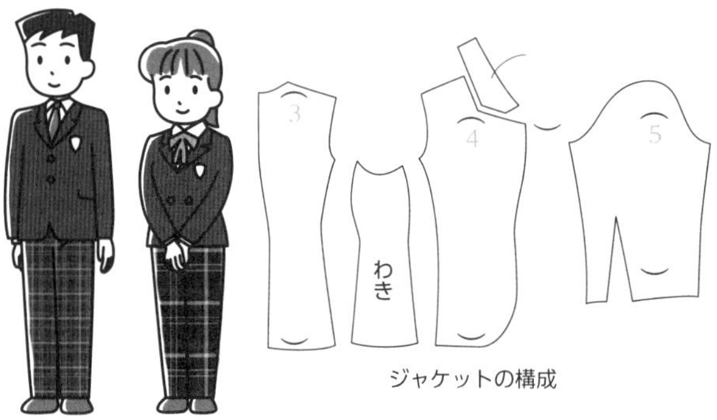

ジャケットの構成

▶平面構成

2 衣服のデザインの要素

教 p.165 ～ 167

★ **1. 衣服のデザインの要素について，（　　）のなかに適語を記入しよう。**

▶衣服のデザインとは，（1　　　　　）に合わせて，（2　　　）・（3　　　）・（4　　　）・（5　　　）などを選択し，（6　　　）までの設計を行うことである。

★★★ **2.** 資料44 **を参考に，色・柄（がら）をデザインしてみよう。1 ～ 3 色程度で工夫（くふう）し，自由な発想でデザインしてみよう。**

ブロックチェック	ギンガムチェック	ハウンドトゥース（千鳥格子）	
			7

3 衣服管理に必要な技術 教 p.168～169

★ **1. 手縫いの技術について，（　）に入る適語を選択肢から選び，記号で答えよう。**

▶針に糸を通す…糸切りばさみで（1　　）にカットすると，針穴に通しやすい。
　針穴に向かい，（2　　）に糸を通す。

▶玉結び…①糸の端(はし)を人さし指の先に（3　　）巻きつける。
　②（4　　）で糸を押さえ，（5　　）をずらしながら，糸を撚(よ)り合わせる。
　③撚り合わさったところを（6　　）で押さえ，糸を引く。
　④しっかりと結ぶ。

▶玉どめ…①（7　　）の位置に針を当てる。
　②糸を（8　　）巻く。
　③親指でしっかり押さえながら針を抜く。
　④糸を（9　　）残して切る。

ア　2～3回	イ　0.2cm	ウ　1回	エ　縫い終わり	オ　まっすぐ	カ　斜め
キ　中指	ク　親指	ケ　人さし指			

★ **2. 縫い方について，写真と縫い方の名称，名称と説明をそれぞれ線で結ぼう。**

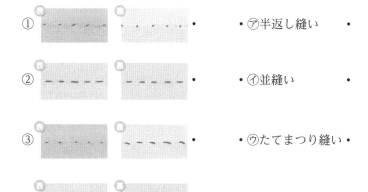

① 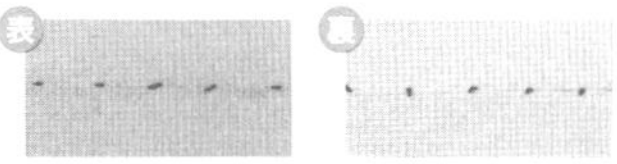

・　　・㋐半返し縫い　・　　・Ⓐそで口やすそのしまつに用いる。

② 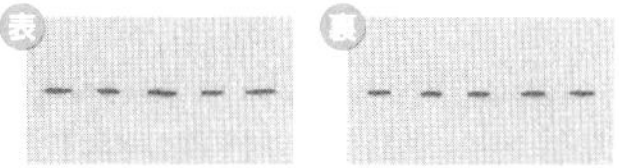

・　　・㋑並縫い　・　　・Ⓑアップリケをかがる時などに用いる。

③ 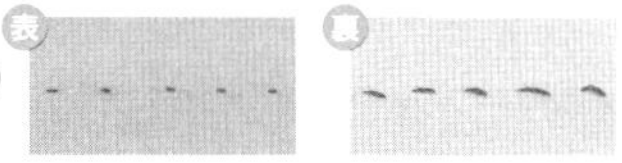

・　　・㋒たてまつり縫い・　　・Ⓒミシンをかける前のしつけ，仮縫い，2枚の布を縫い合わせる時などに用いる。

④ 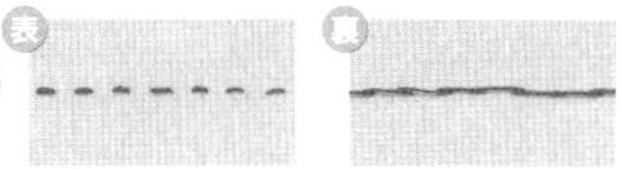

・　　・㋓まつり縫い　・　　・Ⓓ縫い目をじょうぶにしたい部分に用いる。

memo

7 衣生活

衣服実習の記録

月　　日（　　）～　　月　　日（　　）

作品名	材料 ・布地の種類： ・その他の材料：	布を貼る（3×3）
デザイン（イラスト）	製作に必要な道具	

	予定	製作の工程	実施状況（学習のポイント）
1	/		
2	/		
3	/		
4	/		
5	/		
6	/		
7	/		
8	/		
9	/		
10	/		
11	/		
12	/		
13	/		
14	/		
15	/		
16	/		

年	組	番	名前	検印

反省・感想	評価	購入品の領収書を貼る
着装のポイント		

（自己評価：準備・片づけ，取り組み，創意工夫）

感想・質問など	自己評価	検印
	A　B　C	
	A　B　C	
	A　B　C	
	A　B　C	
	A　B　C	
	A　B　C	
	A　B　C	
	A　B　C	
	A　B　C	
	A　B　C	
	A　B　C	
	A　B　C	
	A　B　C	
	A　B　C	
	A　B　C	
	A　B　C	

衣服実習の記録

～リフォーム作品用～

月　　日（　　）～　　月　　日（　　）

作品名	材料 ・元の製品： ・布地の種類： ・その他の材料：	布を貼る（3×3）
デザイン（イラスト）	製作に必要な道具	

	予定	製作の工程	実施状況（工夫したポイント）
1	/		
2	/		
3	/		
4	/		
5	/		
6	/		
7	/		
8	/		
9	/		
10	/		
11	/		
12	/		

その他，リフォームで新たな作品をつくるとしたら，どのような作品が考えられるだろうか。

不要衣料	どうリフォームするか

年	組	番	名前	検印

できあがった
作品の写真を貼る

（自己評価：準備・片づけ，取り組み，創意工夫）

感想・質問など	自己評価	検印
	A　B　C	
	A　B　C	
	A　B　C	
	A　B　C	
	A　B　C	
	A　B　C	
	A　B　C	
	A　B　C	
	A　B　C	
	A　B　C	
	A　B　C	
	A　B　C	

反省・感想，活用のポイント　など	友だちの作品に学んだこと	評価

章末Learning » 7章

確認してみよう

1 世界の気候や風土に合わせた素材や生活様式，文化から生まれ，現代では日常着より冠婚葬祭(かんこんそうさい)など特別な時に着用する機会が多くなっている衣服を何というか。

2 体温調節，皮膚の清潔，身体活動への適応，身体防護(ぼうご)などは，衣服のどのような役割をいうか。

3 衣服を着ると，からだと衣服の間に空気層ができる。このことを何というか。

4 TPO に P を加えた TPPO という考え方もあるが，この加えた P とは何か。

5 さまざまな体型や姿勢，身体能力，動作に配慮した衣服が考案され，すべての生活者に対して適合するデザインを何というか。

6 フードについているひもが引っかかりけがをすることや，着衣着火など衣服による事故をなくすために，衣服の何を高めるなどの工夫(くふう)が必要か。

7 化学繊維にはさまざまな性能を持つ新しい繊維をつくる無限の可能性があるが，一方でどのようなことが問題になっているか。

8 布の種類は三つあるが，編物と不織布(ふしょくふ)ともう一つは何か。

9 人間は無自覚のまま 900mL の水分を放出しているといわれているが，このことを何というか。

10 衣服にセンサーを組みこみ，着用しているだけで心拍数(しんぱくすう)などを記録管理できる衣服素材の改善・開発を何というか。

11 購入した衣服には繊維の組成表示などがついているが，これは何という法律にもとづいているか。

12 衣服の表示には，洗濯のしかた，漂白のしかた，乾燥のしかた，クリーニングの種類，アイロン仕上げなどが表示されているが，これを何というか。

13 洗剤の主成分で，汚れと洗濯物との間に入って汚れを落とすはたらきをするものを何というか。

14 衣服の手入れについて，付着した色素を化学的に分解し無色にすることを何というか。

15 人や社会，地球環境，地域に配慮した考え方や消費行動を何というか。

年	組	番	名前	検印

16 2015年9月の国連サミットで採択された2030年までの国際目標を何というか。

17 使用済みの衣類を洗い，細かく粉砕(ふんさい)した後，化学的に分解し，繊維の原料として利用する方法を何というか。

18 短いサイクルで生産し低価格で販売するファストファッションの課題解決のひとつの取り組みとして，原料や製品を適正な価格で継続的に購入し，労働者の生活改善と自立をめざす「貿易のしくみ」を何というか。

19 洋服など人体に合わせて布を裁断(さいだん)し，縫製(ほうせい)する「立体構成」に対し，直線的に縫製し，ひもや帯を使い人体に合わせて着用する構成を何というか。

20 衣服のデザインの要素は，形・素材・色の他に何があるか。

Plus 1 パーソナルカラーを見つけてみよう

用意するもの：さまざまな色の布

グループをつくり，順番に一人ずつ，胸のあたりに色の布を当てて，その人にどの色が似合うか，グループで話しあってみよう。また，自分の好きな色・嫌(きら)いな色についても考えてみよう。

グループのメンバー	
その色はどんな印象を人に与えるか	
自分の好きな色・嫌いな色と理由	
パーソナルカラーを見つける作業で感じたこと，考えたこと	

7 衣生活

1 人間と住まい

教 p.176～177

1 住まいの機能 教 p.176

★ **1. 住まいの機能について，(　　) のなかに適語を記入しよう。**

第一次的機能	第二次的機能	第三次的機能
(1　　　　　　　) の場	(5　　　　　　　) の場	(8　　　　　　　) の場
(2　　　　　) からの防御(ぼうぎょ) (3　　　　　) からの保護 (4　　　　　　　) からの解放	(6　　　　　　　) 調理・食事・団らん 家財管理 (7　　　　　) もてなし・接客・近隣交流	(9　　　　) ・くつろぎ・睡眠 趣味 (10　　　　　　)

★ **2. 人間らしい暮らしには，1.のいずれの機能も大切だが，第一次的機能も得られない状況にはどのようなものがあるか，答えよう。**

(11　　　　　　　　　　　　　　)

2 気候風土と住まい 教 p.177

★ **1. 日本の住まいについて，(　　) のなかに適語を記入しよう。**

▶住まいは本来，立地している地域の (1　　　　) や風土条件に影響を受ける。(2　　　　　　)，(3　　　　)，(4　　　　　) などの工夫(くふう)に表れ，そこでの (5　　　　　) や生活様式，(6　　　　　　) のあり方にも影響を与えてきた。

★ **2. 伝統的な木造住宅について，(　　) に入る適語を選択肢から選び，記号で答えよう。**

▶柱や (7　　　) などの細長い部材で骨格を組み立てて構成する軸組構法(じくぐみこうほう)である。三角屋根や軒(のき)・(8　　　) などで降雨や (9　　　) に対処し，(10　　　) が多く，襖(ふすま)や障子(しょうじ)などの (11　　　) を取りはずしやすい開放的なつくりによって (12　　　) や採光を確保している。

ア　通風	イ　日射	ウ　ひさし	エ　梁(はり)	オ　間仕切り(まじき)	カ　開口部

★ **3. 日本 (本州) の気候・風土条件を反映した和風木造住宅について，(　　) のなかに適語を記入し，説明と住宅を線で結ぼう。**

①(13　　　　) 気候／気温が穏やか	•	• ㋐三角の屋根 (勾配屋根(こうばいやね))
②(14　　　　) 気候／風雨が多い	•	• ㋑簡素な建て方
③夏は (15　　　　)・(16　　　　) ／夏は蒸し暑い	•	• ㋒木造の住宅
④(17　　　　) が明瞭／自然が美しい	•	• ㋓自然と共存 (庭園・縁側(えんがわ))
⑤植物が繁茂(はんも)／(18　　　　) が豊富	•	• ㋔開放的な住宅 (通風重視)，軽量の建具 (開閉自在)

年	組	番	名前	検印

2 住まいの文化

教 p.178～179

1 日本の住まい 教 p.178

★ **1. 日本の住まいについて，(　　)のなかに適語を記入しよう。**

▶日本の住宅様式の(1　　　　)や床(とこ)の間(ま)，畳(たたみ)を敷き詰めた座敷，襖や(2　　　　)などの簡易間仕切りを備えた開放的な和風木造住宅は，現在の住宅でも受け継がれている。

★ **2. 生活様式と説明を線で結ぼう。**

①食寝分離(しょくしんぶんり)　•　　•㋐食事や団らん，接客の場となる公室と，就寝する私室とを明確に分けること。

②就寝分離(しゅうしんぶんり)　•　　•㋑食事室と就寝室とを分離すること。

③公私室分離(こうししつぶんり)　•　　•㋒プライバシー保護の観点から，夫婦と子，子の性別によって就寝室を分けること。

④nLDK 型　•　　•㋓n 個の個室と LDK からなる間取り。

2 生活様式と住まい 教 p.179

★★ **1. 床座(ゆかざ)と椅子座について，資料5を見て，長所・短所をまとめよう。**

	床座	椅子座
長所	1	2
短所	3	4

memo

3 住まいを計画する

教 p.180～183

1 ライフステージと住まい

教 p.180

★★★ **1.** それぞれのライフステージで，重視したいことについて考えてみよう。

20代ひとり暮らし	夫婦2人暮らし	子どものいる暮らし	介護が必要な人との暮らし	高齢期になった時の暮らし
1	2	3	4	5

★★ **2.** ライフステージに合わせた部屋の変更には，どのような方法があるか，答えよう。

6

★★★ **3.** 2.のような方法で，現在の住まいの模様替え（もようが）えや改修をするとしたら，どのようなスペースが確保でき，また機能を充実させることができるか，考えてみよう。

改修したい場所	スペース確保や機能充実など
7	8
9	10

★★★ **4.** コレクティブハウジングとはどのような住まいか，調べてみよう。

11

2 生活行為と住まい

教 p.181

★ **1.** 生活行為と住まいについて，（　）のなかに適語を記入しよう。

（1　　）の空間	（4　　）の空間	（6　　）の空間	（8　　）の空間
●（2　　）・休養・着替え，（3　　）や仕事 ●個人の生活を充実させる場	●居間・食事室など団らん・いこいの場 ●（5　　）の中心となる場	●キッチンや洗濯場 ●家事を能率的，快適に行うための共同空間，効率のよい（7　　）	●浴室やトイレ ●（9　　）が必要

★ **2. 個人の空間と共同生活の空間を分離することでプライバシーを保つことを何というか，答えよう。**

(10　　　　　　)

★★★ **3. 収納のよくある困りごとにはどのようなことがあるか，考えてみよう。**

11

★★★ **4. リサイクルやレンタルの利用のメリット・デメリットについてまとめよう。**

メリット	デメリット
12	13

3 平面図を理解する （教 p.182～183）

★ **1. 資料12の平面図について，(　　)に入る適語を選択肢から選び，記号で答えよう。**

▶平面図の北側にある黒い三角のしるしは(1　　　)を示す。この「玄関」から入って靴(くつ)を脱ぐと，(2　　　)と名づけられた部屋になる。この部屋を進み右側のとびらを開けると，(3　　　)があり，窓側には(4　　　)と独立型の(5　　　)がある。ここからは6.3畳(じょう)の(6　　　)(1)，4.3畳の(6　)(2)という(7　　　)につながっている。(6　)(1)には(8　　　)があり，(9　　　)が大きいことがわかる。(3　)を抜けたところには，(10　　　)がある。(10　)には(11　　　)，(12　　　)置き場があり，ここから(13　　　)・トイレに接続している。(6　)(2)と(2　)は，それぞれ(14　　　)に面している。

ア　流し台	イ　ホワイエルーム	ウ　洗面脱衣室	エ　浴室	オ　ダイニングキッチン
カ　コンロ	キ　手洗い洗面器	ク　洋室	ケ　バルコニー	コ　個室
サ　ウォークインクローゼット	シ　入り口	ス　収納	セ　洗濯機	

★★★ **2. 資料12の平面図を見て，どのような家族構成で，各部屋をどのように活用しているかイメージしてみよう。**

15

★★★ **3. ホワイエルームをあなたならどう活用するか，考えてみよう。**

16

memo

8 住生活

4 健康に配慮した快適な室内環境

教 p.184 ～ 187

1 健康に配慮した快適な室内環境

教 p.184 ～ 186

★ **1. 日照(にっしょう)と採光(さいこう)などについて，当てはまるものを選択肢から選び，記号で答えよう。**

▶日照(1　　　)　▶日射(2　　　)　▶太陽の日射や光(3　　　)　▶採光(4　　　)　▶照明(5　　　)

ア　窓などから室内へ光を取り入れること。　イ　地表に到達した太陽の放射エネルギーのこと。
ウ　部屋の広さや用途により必要な明るさとする。
エ　部屋は明るく，気分をよくする心理効果もある。　オ　日当たり。

★★ **2. 採光が住まいにとって欠かせない理由について説明しよう。**

6

★★★ **3. 夏の日射や照り返しを防ぐ工夫(くふう)について考えてみよう。**

7

★ **4. 通風・換気(かんき)と結露について，(　　)のなかに適語を記入しよう。**

▶現代の住まいは，(8　　　　)が高いため，暑さ寒さはコントロールしやすいが，(9　　　　)や(10　　　　)を行う必要がある。人が普通に生活するだけで，(11　　　　)や(12　　　　)などが増え，室内の空気は常に(13　　　　)される。通風・換気には住戸内で(14　　　　)，出口と入口が必要である。

▶風や温度差を用いた換気方法を(15　　　　)換気と呼ぶ。また，キッチンや浴室，トイレでは(16　　　　)を使って空気を外へ排出する(17　　　　)換気も有効である。

★★ **5. 換気の際はどのようなことに注意が必要か，説明しよう。**

18

★★ **6. 資料14 を見て，風の通りを記入しよう。**

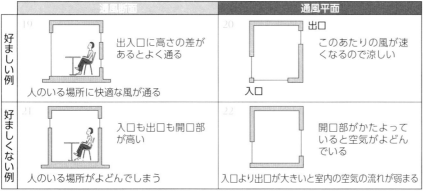

	通風断面	通風平面
好ましい例	19  出入口に高さの差があるとよく通る 人のいる場所に快適な風が通る	20 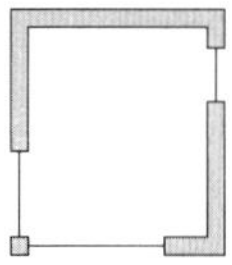 出口 このあたりの風が速くなるので涼しい 入口
好ましくない例	21  入口も出口も開口部が高い 人のいる場所がよどんでしまう	22 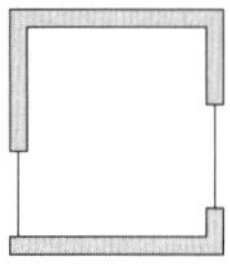 開口部がかたよっていると空気がよどんでいる 入口より出口が大きいと室内の空気の流れが弱まる

★★ **7.** 通風や換気，除湿，防湿，こまめな結露の掃除などが必要な理由についてまとめよう。

23

★★ **8.** 冷暖房の温度のめやすについて，資料16を見て，高齢者に適した温度設定についてまとめよう。

24

★★★ **9.** 冬，暖房を入れても足元が寒い時の対策を考えてみよう。

25

★ **10.** 室間の温度差によって生じる血圧の急激な変動を何というか，答えよう。

(26)

★★★ **11.** 不快な騒音は，健康や生活に悪影響を及ぼすといわれているが，自分にとって気になる音は何か，対策としてできることは何か，考えてみよう。

27

2 住居の維持(いじ)・管理 教p.187

★ **1.** 大規模改修の際，劣化対策（耐久性(たいきゅうせい)）の他，どのような性能を向上させるとよいか，五つ答えよう。

(1) (2) (3)

(4) (5)

★★★ **2.** 日常の清掃について，資料19を見て，自宅で今後気をつけたい場所を書き出そう。

6

memo

5 安全な住まい

教 p.188～191

1 安全な住まい

教 p.188～190

★ **1. 自然災害と住まいについて，(　　)のなかに適語を記入しよう。**

▶日本は災害大国であるため，(1　　　　)，(2　　　　)，(3　　　　)の噴火(ふんか)などさまざまな要因に対して都市や住まい，暮らしと(4　　　)を守り，被害を(5　　　　　)するための(6　　　　)が必要であるが，その方法は地域や住まい手により異なる。自分自身で正確な(7　　　　)や(8　　　　)を得て，リスクと(9　　　　)を考える必要がある。

★★★ **2. 災害時の避難について，□に✓を記入しよう。また，ハザード・マップを見てわかったこと，家族と確認したことなどをまとめよう。**

□自分が住む地域のハザード・マップを知っている，見たことがある　□知らない，見たことがない

✎10

★★★ **3. 避難先の候補に○をしよう。また，避難先での感染症予防のために準備しているものを書き出そう。**

▶避難先の候補　　在宅避難　　縁故避難　　避難所　　2階以上へ垂直避難

▶準備しているもの　✎11

★ **4. 防災における自助・共助・公助について，(　　)のなかに適語を記入しよう。**

自助	共助	公助
(12　　　　)取り組む (13　　　　)で取り組む	(16　　　　　　　) (17　　　　)コミュニティ	(20　　　　)による被災者の支援
耐震化，(14　　　　　)防止 (15　　　　)，安否確認 伝達手段の確認 避難経路の確認　など	近所の(18　　　　　)，声かけ 自主(19　　　　　)への参加 高齢者，障がい者の支援　など	(21　　　　　)機能の充実 情報伝達機能の充実 災害対応 防災訓練　など

★★★ **5. 日常備蓄，ローリングストックとはどのような方法か，調べてみよう。**

✎22

★★ **6. 住宅用火災警報器を設置することでどのような効果が期待できるか，答えよう。**

23

★ **7. 防犯対策について（　）のなかに適語を記入しよう。**

▶周囲からの（24　　　　）をよくし，犯罪者が近づきにくくする。

▶窓や玄関を（25　　　　）の高いものにする。

▶地域の（26　　　　）をとり，人間関係を密にしておく。

★ **8. 日常災害について，（　）のなかに適語を記入しよう。**

▶風呂などでの（27　　　　），平面上での（28　　　　），段差や階段での（29　　　　）などがある。

2 だれもが快適に住まう 教p.191

★★ **1. アクセシビリティとはどのようなことか，説明しよう。**

1

★ **2. バリアフリー新法の正式名称を答えよう。**

（2　　　　）

★★★ **3. 自宅や学校，まちで，ユニバーサル・デザインだと思う施設・設備をあげ，その理由をまとめよう。**

3

★★★ **4. 快適に住まうために住宅に求める機能として，どのようなことがあるか，考えてみよう。**

4

memo

8 住生活

6 持続可能な住まいづくり

教 p.192～195

1 住宅政策と住まいの課題

教 p.192～193

★ **1. 日本の住生活の現状について，(　　)のなかに適語を記入しよう。**

▶日本の住まいや住環境は，先進国のなかでも豊かな水準とはいえない。戦後の膨大(ぼうだい)な住宅の(1　　　　　)を経て，現在は(2　　　　　)の時代にあるといわれる。

★★★ **2. 資料32・資料33を見て，日本の住宅事情についてまとめよう。**

3

★ **3. 住宅政策について，当てはまるものを選択肢から選び，記号で答えよう。**

▶住宅政策　(4　　　)　▶住宅金融公庫　(5　　　)　▶公営住宅・公団住宅　(6　　　)

▶住生活基本法　(7　　　)　▶住宅セーフティネット法　(8　　　)

ア	住宅取得のための公的資金の融資(ゆうし)　　イ　公的住宅の供給
ウ	住宅事情の改善や問題解決のために国や地方公共団体などが行う支援や規制のこと
エ	住宅確保要配慮者に対する賃貸住宅の供給の促進(そくしん)に関する法律
オ	社会・経済情勢の変化に伴(ともな)う新たな課題に対応するために2006年に制定された

★★★ **4. 住生活基本計画について，資料34を見て，目標達成のために今後どのようなことが必要で，どのようなことが大切か話しあってみよう。また，友だちの意見などを聞いて，気づいたことや考えたことをまとめよう。**

【今後必要なこと】 9

【気づいたことや考えたこと】 10

★★ **5. 現代の居住問題は多様性と深刻さを増している。どのような問題があるか，まとめよう。**

11

年　組　番　名前　検印

2 これからの住まい (教 p.194～195)

★★ **1. 住環境の評価指標について，通学している学校の環境に当てはまるものに✓を記入しよう。**

安全性	□犯罪や事故につながる危険な場所がない。 □火災，風水害，地震などに備(そな)えている。　□バリアフリー化されている。
保健性	□公害や伝染病のまん延を予防している。 □日照(にっしょう)・通風・採光(さいこう)がよい。
利便性	□日常生活がしやすい。　□病院や公共施設，商店などが近くにある。 □公共交通機関が利用でき，設備が整っている。
快適性	□住居水準が高い。　□まち並みや景観が美しく統一感がある。 □自然が充実している。　□プライバシーへの配慮とコミュニケーションの場がある。 □迷惑施設が近くにない。
持続可能性	□地域の経済が活性化されている。　□循環型社会や自然共生社会をめざしている。 □人口や住宅需要などのバランスがよい。　□品位やブランドが保たれ，まちに魅力がある。

★ **2. 環境共生住宅(かんきょうきょうせいじゅうたく)の特徴について，当てはまる言葉を答えよう。**

▶太陽光発電などと省エネルギー設備を組み合わせ，家庭でのエネルギー収支ゼロをめざす。

(1　　　　　　　　)

▶(1　)のような機械・設備的工夫(くふう)によるもの。

(2　　　　　　　　)

▶軒(のき)や窓の配置など建物の構造や材料などの工夫により自然エネルギーを最大限に活用・調整するもの。

(3　　　　　　　　)

★ **3. 住まいの種類と説明を線で結ぼう。**

①コーポラティブハウス　・　　・㋐一つの住居に血縁のない複数の人が住まう

②コレクティブハウジング・　　・㋑独立した専用住戸と共用空間を持ち，生活の一部を共同化

③シェアハウス　・　　・㋒住み手が企画・設計段階から参加，協同で建設・運営

★★★ **4. 環境に配慮したり，血縁をこえた人とかかわりあう住まいづくりなどが広がりつつあるが，あなた自身はどのような住まいで暮らしていきたいか，考えてみよう。**

4

memo

8 住生活

章末Learning » 8

QR

確認してみよう

1 住まいの第一次的機能は「避難・保護の場」，第二次的機能は「家庭生活の場」であるが，第三次的機能は何か。

2 柱や梁(はり)などの細長い部材で骨格を組み立てて構成する軸組構法(じくぐみこうほう)である日本の住まいを何というか。

3 和風木造住宅に備えられている襖(ふすま)や障子(しょうじ)などをまとめて何というか。

4 食事室と就寝室とを分離することを何というか。

5 季節や行事ごとに床(とこ)の間(ま)のかけ軸や花を替(か)えるなどして，おもてなしの空間を飾ったり，季節を楽しむ文化を何というか。

6 一つの住居を血縁のない複数人で共有して暮らす住まいを何というか。

7 建築空間の内部，または外部から内部における人や物の動きの軌跡(きせき)を何というか。

8 設計図の一つで，空間を床から 1m 程度の高さで切断したと仮定して，それを真上から見た図を何というか。

9 日当たりのことで，都市の生活環境の保全に必要なものを何というか。

10 人が普通に生活するだけで，二酸化炭素や水分などが増え，室内の空気は常に汚染される。フレッシュな外気を取りこむために通風や何をすることが必要か。

11 冬に，リビングなどで発生した水蒸気を含んだ暖かい空気が移動し，寒い部屋の窓ガラスなどに当たると，冷やされて水分になり，かびの発生につながる。これは何か。

12 室間の温度差が引き起こす，血圧の急激な変動による失神や心筋梗塞(しんきんこうそく)などを何というか。

13 各地域の地震などに関する危険性について，建物倒壊危険度などの総合危険度を示したもので，命を守る情報として知っておきたい地図を何というか。

14 防災において，自ら取り組むことを何というか。

15 住宅用のガス機器や暖房器具などには自動消火機能がつくなど，安全性能向上は進んだが，火災に気づかないことで火災死亡者数が減っていないと考えられるために設置が義務化されたものは何か。

16 近づきやすさやアクセスのしやすさのことで，利用しやすさ，交通の便のよさなどの意味を含むものを何というか。

17 ユニバーサル社会の実現をめざして，2006 年に成立した，「高齢者，障害者等の移動等の円滑(えんかつ)化の促進(そくしん)に関する法律」の通称は何か。

18 世帯人数に応じて，健康で文化的な住生活の基本とし必要不可欠な住宅面積に関する水準を何というか。

19 人々の生命・健康や生活をおびやかし，社会の不安定につながる住宅事情の悪化への対策の一つとして「住宅確保要配慮者に対する賃貸住宅の供給の促進に関する法律」が改正された。この法律の通称は何か。

20 太陽光発電などと省エネルギー設備を組み合わせ，家庭でのエネルギー収支ゼロをめざす環境共生住宅(かんきょうきょうせいじゅうたく)を何というか。

Plus 1　家族にとっての快適な住まい

家族それぞれに居心地のよい快適な住まいとはどのような家だろうか。住宅雑誌や広告なども参考に，さまざまな視点でアイデアを出しあってみよう。

グループのメンバー：	
間取り	
動線	
施設設備	
通信環境	
室礼(しつらい)	
その他	

1 消費行動と意思決定

教 p.202 ～ 203

1 消費行動と意思決定

教 p.202

★ **1. 消費者について，(　　)のなかに適語を記入しよう。**

▶消費者とは，商品を(1　　　　)したり，(2　　　　　　)にお金を支払ったりして生活する人をさす。当然，(3　　　　　)も消費者である。

▶科学技術・流通手段・通信技術の発達により，さまざまな商品が(4　　　　　　)・(5　　　　　　)され，生活が豊かになった反面，消費者にとって新たな課題も生じている。

★★ **2. 消費者にとっての課題として何があるか，あげてみよう。**

6

★★ **3. スマートフォンの購入を例にとって，意思決定のプロセスをまとめよう。**

スマートフォンが欲しい
- ・本当に(7　　　　　)か？
- ・欲しいだけで，なくてもよいのでは？
- ・何に使うか？

商品について調べる
- ・どんな情報を集めたらよいか？
- 8

どこで買うか検討する
- ・どんな店で販売しているか？
- 9

(10　　　　　)を確認する
- ・手持ち金で払えるか？
- ・貯金を使うか

予算オーバー
- ・中古品を検討
- ・家族に相談

購入決定

買わない

貯金を続ける

	年	組	番	名前	検印

★★★ **4.** あなたが欲しい商品を購入する際，どんな意思決定をするだろうか。欲しい商品をあげ，価格，メーカーなど商品選択に必要な情報を集め，2～3品の候補を比較検討してみよう。

比較項目	商品 A（　　　）	商品 B（　　　）	商品 C（　　　）

2 情報社会での適切な選択　教 p.203

★★ **1.** 生活情報にはどのようなものがあるか，あげてみよう。

1

★★ **2.** 情報リテラシーとはどのようなものか，説明しよう。

2

★★★ **3.** 雑誌や新聞，インターネットなどの企業広告で，商品やサービスの内容や効果などについて疑わしいものをあげてみよう。

3

memo

2 消費生活の現状と課題

教 p.204 ～ 209

1 「買う」ことは「契約」

教 p.204

★ **1. 契約について，(　　)のなかに適語を記入しよう。**

▶契約とは(1　　　　)に守られた「約束」である。売買契約の場合，買い手と売り手との(2　　　　)の合致により(3　　　　)でも成立する。契約書に(4　　　　)すれば，その内容に合意した証明となる。契約を守らない場合，(5　　　　)に訴え，契約内容の実現を強制することができる。

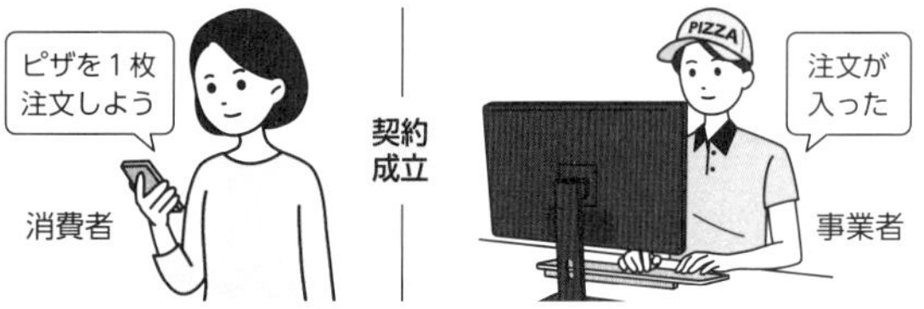

ピザを１枚注文しよう
消費者
契約成立
PIZZA
注文が入った
事業者

事業者はつくったピザを渡し，
消費者はその代金を支払う。
⇒契約が(6　　　　)される。

★★ **2. 通信販売やパック旅行などは，なぜトラブルが生じやすいのか，説明しよう。**

7

2 多様化する販売方法

教 p.205 ～ 206

★ **1. 無店舗販売にはどのような販売方法があるか，答えよう。**

(1　　　　　　　　　　　　　　　　)

★ **2. 次の状況に当てはまる問題商法を選択肢から選び，記号で答えよう。**

▶恋人のようにデートして，断りにくい状況で高額なアクセサリーを売りつける。(2　　　)

▶業者に雇われたサクラ(偽の客)が芸能人になりすましてサイトに誘導し，有料サービスを利用させて，支払いを続けさせる。(3　　　)

▶モニター募集などと誘い，高額なエステティックサービスを売りつける。(4　　　)

▶「景品が当たった」と電話で呼び出し，リゾート会員権を契約させる。(5　　　)

▶注文されていない商品を一方的に送りつけ，消費者が注文したと誤解して代金を支払うことをねらう。(6　　　)

▶スカウトなどでタレント契約を結び，養成学校の入学金や授業料を請求する。(7　　　)

▶街頭で「アンケートに答えて…」などと近づき，化粧品セットを契約させる。(8　　　)

▶「受講すれば資格が取れる」などと勧誘し，高額なパソコン講座を契約させる。(9　　　)

▶「会員になればもうかる」などと勧誘し，友人に新たな会員として出資させ，商品を売る会員を増やしていく。(10　　　)

ア　オーディション商法	イ　キャッチセールス	ウ　モニター商法	エ　資格商法
オ　マルチ商法	カ　サクラサイト商法	キ　ネガティブ・オプション	
ク　アポイントメント・セールス	ケ　デート商法		

★★★ **3.　インターネットによる消費者被害やトラブルにはどのようなものがあるか，調べてみよう。**

11

3 適切な契約　教 p.207 ～ 208

★ **1.　契約の解消について，次のことが定められている法律名を答えよう。**

▶未成年者が親の同意なく契約をした場合，取り消すことができる。（1　　　）

▶訪問販売・連鎖（れんさ）販売取引・特定継続的役務（えきむ）提供などにおいて不意打ち的に巧（たく）みに勧誘されて契約した場合，一定の期間内であれば無条件で契約の申し込みを撤回（てっかい）したり，契約を解除したりできる制度（クーリング・オフ制度）。（2　　　）

▶適正な環境のもとで行われなかった消費者契約は取り消すことができる。また，不当な契約内容は無効にすることができる。（3　　　）

★★★ **2.　次のような契約は解消できるか，当てはまるものに✓を記入し，具体的に説明しよう。**

▶Ａさんは，５日前にまちで声をかけられ，店に連れていかれた。いろいろな説明を受けて，５万円の化粧品セット（全 10 品）を購入してしまった。後で，肌（はだ）に合わないので返品したいと申し入れたところ「化粧品は使用するとクーリング・オフは認められない」と言われた。

□店や営業所での契約ではない（呼び出された場合，連れていかれた場合はクーリング・オフできる）
□通信販売ではない　□ 3000 円以上の契約　□クーリング・オフ期間内　□個人間の取引ではない
□指定商品を使っていない（セット販売の場合，一部使用しても未開封の商品はクーリング・オフできる）

4

▶Ｂさんは，英会話教室の無料体験講座の広告を見て参加した。簡単な講習の後，英会話教材を計 10 万円で勧められた。断っても帰らせてもらえず，延々と勧誘を受けて購入してしまった。その後，後悔してキャンセルしたいと思っているが，契約から２週間も経ってしまっている。

□店や営業所での契約ではない（呼び出された場合，連れていかれた場合はクーリング・オフできる）
□通信販売ではない　□ 3000 円以上の契約　□クーリング・オフ期間内　□個人間の取引ではない
□指定商品を使っていない（セット販売の場合，一部使用しても未開封の商品はクーリング・オフできる）

5

memo

★★★ **3.** **訪問販売で購入した商品の領収書から，契約解除通知のメールをつくってみよう。**

領収書

実　教子　様

領収金額　¥30,000-

以上「鍋セットS」の代金として領収しました

○年5月15日

東京都千代田区五番町5

家庭株式会社 印

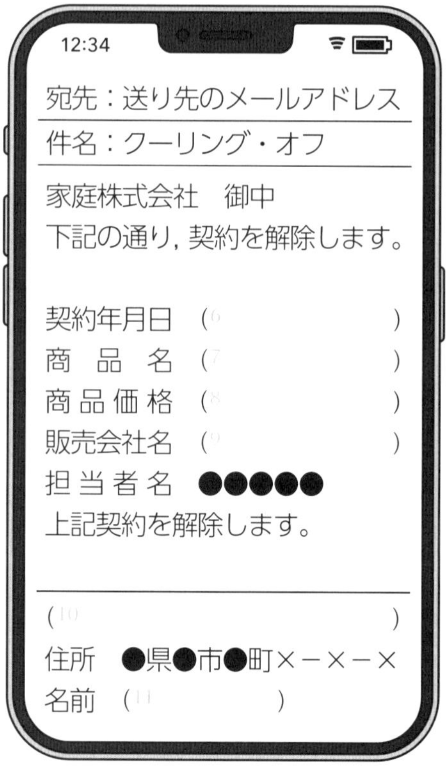
12:34
宛先：送り先のメールアドレス
件名：クーリング・オフ
家庭株式会社　御中
下記の通り，契約を解除します。
契約年月日（6　　　）
商　品　名（7　　　）
商品価格（8　　　）
販売会社名（9　　　）
担当者名 ●●●●●
上記契約を解除します。
（10　　　）
住所 ●県●市●町×－×－×
名前（11　　　）

▶クレジット契約の場合は（12　　　）にも出す。

▶はがきなどの書面の場合は，証拠として両面の（13　　　）をとり，（14　　　）で送付する。

★ **4.** **消費者契約法で取り消しできる契約について，（　）のなかに適語を記入しよう。**

①（15　　　）〈うそだけど…〉	⑥社会生活上の（20　　　）の不当な利用
②（16　　　）〈絶対！必ず！〉	⑦加齢等による（21　　　）の不当な利用
③（17　　　）〈都合が悪いから言わない〉	⑧（22　　　）等による知見を用いた告知
④（18　　　）	⑨契約締結（ていけつ）前に債務（さいむ）内容を実施，または内容の損失を請求
⑤（19　　　）〈契約するまで帰さない〉	⑩過大な内容の契約

★ **5.** **多重債務に陥（おちい）った場合の解決法を四つ答えよう。**

（23　　　）（24　　　）（25　　　）（26　　　）

4 支払い方法の多様化と消費者信用　教 p.209

★★★ **1.** **代金の支払い方法にはどのようなものがあるか，調べてみよう。**

1

年　組　番　名前　検印

★ **2.** **消費者信用について，(　　)のなかに適語を記入しよう。**

▶消費者信用とは，個人の信用を(2　　　　)としてお金を借りることである。これにより，買い物をする時点で現金がなくても商品を先に受け取り，後で支払うことができる。これを(3　　　　)という。その他，お金を直接借りる(4　　　　)もある。返済金額には借りたお金に対する(5　　　　)が加算される。

★ **3.** **クレジットカードで商品を購入する場合のしくみについて，まとめよう。**

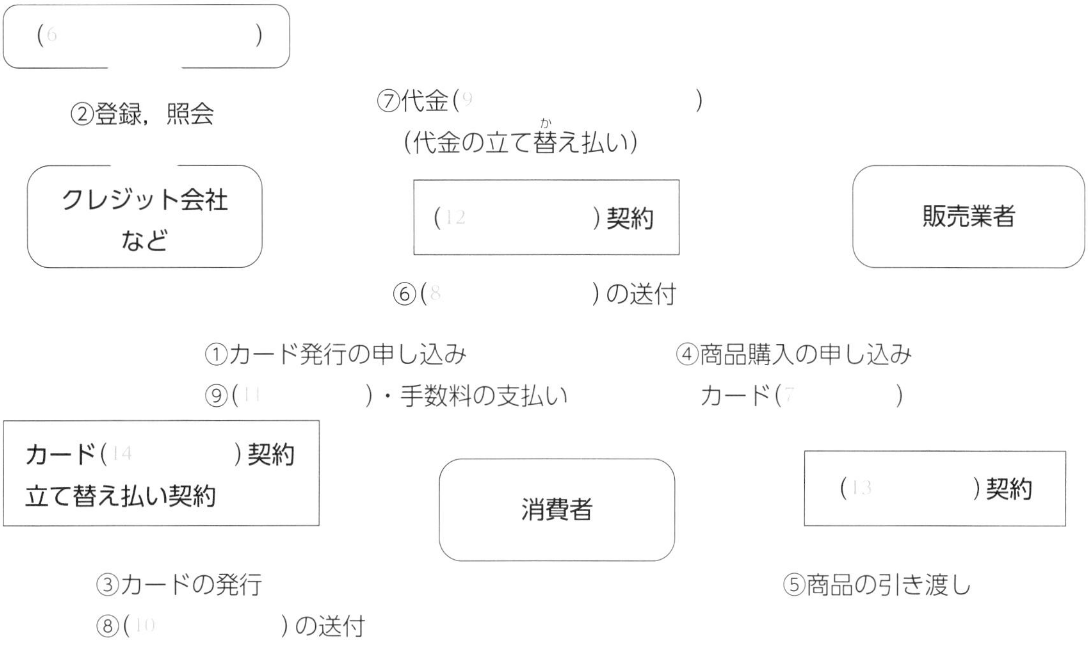

★★★ **4.** **電子マネーでの支払いに関する問題点について，考えてみよう。**

15

memo

3 消費者の権利と責任

教 p.210 ～ 213

1 消費者の権利を守るために

教 p.210 ～ 211

★ **1. 消費者問題と消費者行政について，(　　) に適語を記入しよう。**

▶日本では高度経済成長期以降，大量生産・大量消費が進み，消費者の健康・安全，暮らしにかかわる (1　　　　　　) が多発した。被害者をはじめ多くの消費者団体などが (2　　　　　　　　) し，事業者などにはたらきかけるようになった。これを (3　　　　　　　　) という。

▶ 1960 年代から 1970 年代にかけ，消費者の権利意識の高まりを受けて法制度が整備された。さらに消費者行政が必要であるという認識が高まり，(4　　　　　　　　　　) や消費生活センターが設立された。2009 年には消費者委員会と (5　　　　　　　) が発足し，消費者行政の一元化(いちげんか)と強化がはかられた。

★★ **2. 消費者関連の法律について，当てはまるものを選択肢から選び，記号で答えよう。**

▶景品表示法 (1962 年施行)　(6　　　　)

▶製造物責任法 (1995 年施行)　(7　　　　)

▶消費者契約法 (2001 年施行)　(8　　　　)

▶消費者基本法 (2004 年施行)　(9　　　　)

▶消費者教育推進法 (2012 年施行)　(10　　　　)

ア　PL 法とも呼ぶ。欠陥(けっかん)商品の事故による損害賠償(そんがいばいしょう)をすみやかに行うため，製品の欠陥を明らかにすればよいとの考え方（無過失責任）を取り入れている。
イ　契約全般について，適正な環境のもとで行われなかった契約は一定要件のもとで消費者が契約を取り消せること，消費者に不当な契約内容は無効とすることを定めている。
ウ　国，地方公共団体には消費者教育を充実させる責務があると定められた。
エ　正式名称は，不当景品類及び不当表示防止法。
オ　消費者保護基本法を改正し，消費者の権利を尊重することが明記された。

2 これからの消費者

教 p.212 ～ 213

★ **1. p.211～212 を見て，(　　) のなかに適語を記入しよう。**

▶消費者問題を相談する場合，(1　　　　　　　　　　　　) を利用するとよい。(2　　　　　) をダイヤルすると，最寄りの (3　　　　　　　　　　) につながる。その他，消費者を支援する制度として，一定の消費者団体に，事業者の不当な行為に対する差止(さしとめ)請求権を認め，個人に代わって適格消費者団体が裁判所に訴えることができる (4　　　　　　　　　　　) や，(5　　　　　　　　　　) が裁判によらず，和解の仲介・仲裁などを行う裁判外紛争解決 (ADR) 機能がある。

年　組　番　名前　検印

★★★ **2.　消費者の権利について，当てはまるものを選択肢から選び，記号で答えよう。**

▶安全である権利　(6　　　)　▶選ぶ権利　(7　　　)　▶被害救済を受ける権利　(8　　　)
▶知らされる権利　(9　　　)　▶意見が消費者政策に反映される権利　(10　　　)
▶消費者教育を受ける権利　(11　　　)

ア　学校でお金の使い方や契約について学ぶことができる。
イ　加工食品には原材料，内容量，消費期限や賞味期限，製造者などの表示が義務づけられている。
ウ　予算の範囲内で，自分が欲しいものを自由に買うことができる。
エ　薬は安全確保のために薬事法にもとづく販売規制がなされている。
オ　街灯が消えかけていたため役所に連絡したら，新しい電球に変えてくれた。
カ　問題商法などの被害にあった時は，消費生活センターに相談できる。

★★ **3.　消費者の責任について，当てはまるものを選択肢から選び，記号で答えよう。**

▶批判的意識　(12　　　)　▶自己主張と行動　(13　　　)　▶社会的関心　(14　　　)
▶環境への自覚　(15　　　)　▶連帯　(16　　　)

ア　スーパーで購入した総菜(そうざい)に虫が混じっていたので，製造者に抗議の連絡をした。
イ　ブランド商品があまりにも安く売られていたので，偽物ではないかと疑問に思った。
ウ　トラブル防止のために，利用者同士で情報を交換・共有するコミュニティを立ち上げた。
エ　渋滞解消や排出ガス抑制(よくせい)のため，自家用車ではなく電車とバスを利用して外出した。
オ　日本の食料自給率上昇の助けになればと，お米を食べ，国産の野菜を買うようにしている。

★★★ **4.　2022年以降，18歳は成年者となり，権利と責任の重さが増す。これからの消費者として望ましい行動について，考えてみよう。**

17

memo

4 ライフスタイルと環境

教 p.214 ～ 219

1 持続可能な社会づくり　教 p.214 ～ 215

★★★ **1. 海に流出するプラスチックごみは，私たちが日常使用するどんな製品か，考えてみよう。**

1

★ **2. 地球温暖化について，(　　) のなかに適語を記入しよう。**

▶二酸化炭素などの (2　　　　　　　　) と呼ばれる気体の大気中濃度が高くなると，地球の気温は上昇する。気温の上昇は，大気や海洋，雪氷などの (3　　　　　　　　) に変化を引き起こし，自然や社会に深刻な影響を及ぼす。今日まで二酸化炭素の大気中濃度が上昇しているのは，産業革命以降に石炭や石油などの (4　　　　　　) を大量に消費してきたことが主な原因である。

★★ **3. 地球の平均気温が上昇すると，どのようなことが予測されるか，答えよう。**

5

★★★ **4. 地球温暖化について，どのような対策があるか，考えてみよう。**

6

★★ **5. 再生可能エネルギーのメリットとデメリットをまとめよう。**

メリット	デメリット
7	8

2 循環型社会をめざして　教 p.216 ～ 217

★ **1. (　　) のなかに適語を記入しよう。**

▶大量生産・(1　　　　　　　)・(2　　　　　　　) 型の経済社会から脱却し，天然資源の消費を抑制(よくせい)し，廃棄物による環境への負荷を減らした循環型社会を形成することをめざし，(3　　　　　　　　　　　　) が 2001 年 1 月に施行された。「(4　　　　)」の考え方の他，生産者が，ごみになった後まで一定の責任を負うという (5　　　　　　　　) の考え方も示された。

★ **2.** 循環型社会を形成するための法体系について，(　　)のなかに法律名および適語を記入しよう。

基本的枠組法
(6　　　　)

廃棄物の適正処理
(7　　　　)

再生利用の推進
(8　　　　)

国などによる環境物品等の調達の推進など
(9　　　　)

個別物品の特性に応じた規制

(10　　) リサイクル法	(11　　) リサイクル法	(12　　) リサイクル法	(13　　) リサイクル法	(14　　) リサイクル法	(15　　) リサイクル法

★★★ **3.** 「5R」とは何か，またそれぞれについて具体例をあげてみよう。

5R	意味	具体例
(16　　) Reduce	発生抑制	21
(17　　) Reuse	再使用	22
(18　　) Recycle	再生利用	23
(19　　) Refuse	拒否	24
(20　　) Repair	修理	25

memo

3 持続可能なライフスタイル 教p.218～219

★★★ **1.** 環境のことを考えて，環境に対してより負担の少ない買い物をしているか，あなたの生活を見直してみよう。

番号	項目	自己評価		
		いつも 2点	だいたい 1点	やっていない 0点
1	レジ袋を断り，マイバッグ(買い物袋)を使用している。			
2	必要なものを必要なだけ買うようにしている。			
3	包装はできるだけ少ないものを選んでいる。			
4	古紙100%のトイレットペーパーを選んでいる。			
5	再生紙で作られたノートや便せんを選んでいる。			
6	トレイにのっていない食品を選んでいる。			
7	野菜・くだものは「地元産」「旬」のものを選んでいる。			
8	食品添加物や遺伝子組み換え，原産地の表示を確認している。			
9	使い捨て容器入りの飲料を買わないで水筒を持ち歩いている。			
10	詰め替え容器に入った製品を選んでいる。			
11	消費電力量の少ない家電製品を選んでいる。			
12	耐久消費財はできる限り修理して長く使うようにしている。			
13	同種のものなら価格が高くても環境に配慮した商品を選んでいる。			
14	エコマークなど環境ラベルの有無をチェックしている。			
15	環境対策に積極的なメーカーや店を選んでいる。			
16	近所への買い物は徒歩や自転車で行っている。			
	合計	点/32点		

宇部市地球温暖化対策ネットワーク（UNCCA）「グリーンコンシューマー度チェック表」による

★★★ **2.** 持続可能な社会のために，どのようなライフスタイルが求められるか，あなたはどのように生活したいか，具体的に考えてみよう。

1

★★★ **3.** CSR(企業の社会的責任)にはどのような活動があるか，調べてみよう。

2

年　組　番　名前　検印

★ **4. 環境ラベルの名称，意味，商品例をそれぞれ選択肢から選び，記号で答えよう。**

マーク	エコレールマーク	PETボトル再利用品	120g CO_2	RAINFOREST ALLIANCE PEOPLE & NATURE	ちきゅうにやさしい	ECO LEAF 製品環境情報 http://www.jemai.or.jp
名称	3	4	5	6	7	8
意味	9	10	11	12	13	14
商品例	鉄道貨物輸送用の段ボール	衣料品など	ウィンナーなど	コーヒーのパッケージ	詰め替え用洗剤など	パソコンなど

名称	ア　レインフォレスト・アライアンス認証　イ　エコレールマーク ウ　エコリーフ環境ラベル　エ　エコマーク　オ　PET ボトルリサイクル推奨(すいしょう)マーク カ　カーボンフットプリントマーク
意味	キ　熱帯雨林の持続的管理をめざし，自然保護や農園生活向上の基準を満たす農園を認証する。 ク　ライフサイクルアセスメント（LCA）を用いて製品の環境情報を表示する。 ケ　ペットボトルのリサイクル品を使用した商品につけられる。 コ　流通過程において，環境負荷の少ない貨物鉄道を利用していることを示す。 サ　ライフサイクルの各過程で排出された温室効果ガスを二酸化炭素に換算して表示する。 シ　生産から廃棄・リサイクルまでのライフサイクル全体を通じて環境保全に資する商品につけられる。

★ **5. 消費者市民について，（　　）のなかに適語を記入しよう。**

▶消費者市民とは，消費者の特性，消費生活の（15　　　　）を相互に尊重しつつ，自分の行動が，現在，さらに将来の世代にわたって（16　　　　）や（17　　　　）に影響を及ぼし得ることを自覚して，（18　　　　）で（19　　　　）な社会の形成に積極的に参画する消費者のことである。

memo

1 暮らしと経済

教 p.220 ～ 225

1 家計と経済のかかわり

教 p.220 ～ 221

★ **1. 家計と国民経済・国際経済の関係について，(　　) のなかに適語を記入しよう。**

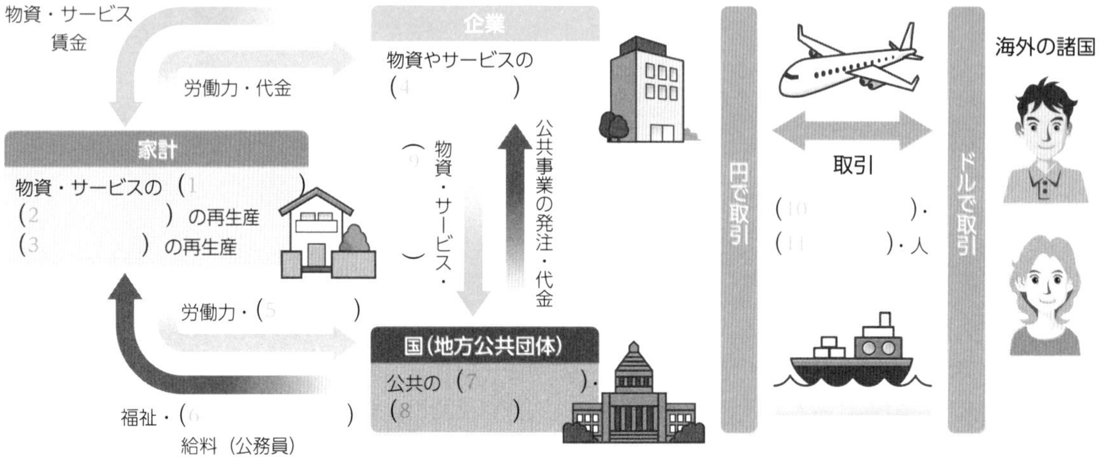

★ **2. (　　) のなかに適語を記入しよう。**

▶世帯を単位として行われる収入と支出で構成される経済活動を (12　　　　) という。これは，社会における経済活動の基礎単位で，(13　　　　) および政府 (国・地方公共団体) と共に (14　　　　) を構成している。

▶私たちの暮らしは，諸外国の経済とも密接に結びついている。(15　　　　　　) の変動は輸出入に大きな影響を与え，その結果，国内の (16　　　　) の変動をもたらす。(17　　　　) とは，他の通貨に対して円の価値が高くなることであり，(18　　　　) とは円の価値が低くなることである。国際的な経済のつながりを (19　　　　　　) という。

★★★ **3. 円高は消費者や企業にどのような影響をもたらすか，考えてみよう。**

消費者	20
企業	21

年　組　番　名前　検印

2 生活に必要な費用と管理 教 p.222～224

★ **1.** 家計の構成について，(　　)のなかに適語を記入しよう。

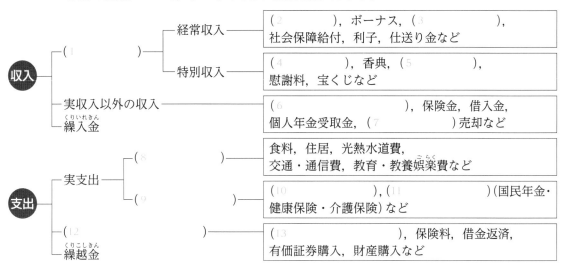

- **収入**
  - (1　　　　)
    - 経常収入 ― (2　　　　)，ボーナス，(3　　　　)，社会保障給付，利子，仕送り金など
    - 特別収入 ― (4　　　　)，香典，(5　　　　)，慰謝料，宝くじなど
  - 実収入以外の収入 ― (6　　　　)，保険金，借入金，個人年金受取金，(7　　　　)売却など
  - 繰入金(くりいれきん)
- **支出**
  - 実支出
    - (8　　　　) ― 食料，住居，光熱水道費，交通・通信費，教育・教養娯楽(ごらく)費など
    - (9　　　　) ― (10　　　　)，(11　　　　)(国民年金・健康保険・介護保険)など
  - (12　　　　) ― (13　　　　)，保険料，借金返済，有価証券購入，財産購入など
  - 繰越金(くりこしきん)

★ **2.** 家計について，(　　)のなかに適語を記入しよう。

▶税金(所得税，住民税)や社会保険料(医療保険，年金保険，介護保険，雇用保険など)への支出を(14　　　　)という。

▶実収入から非消費支出を引いたものを(15　　　　)といい，生活のための費用に充てられる。

▶実支出の他に，預貯金や借金返済，有価証券(ゆうかしょうけん)購入などの(16　　　　)もある。この支出は見せかけで，支出後も資産は減らない。

▶借入金は収入ではあるが，債務(返すべき義務)が発生するため実収入ではない。このように見せかけの収入を，(17　　　　)という。

★★ **3.** 家計管理について，(　　)のなかに適語を記入しよう。

▶安定した生活を送るためには，お金の流れを把握(はあく)して管理し，収入と支出のバランスが(18　　　　)字になるよう努めたい。さらに，病気やけがなどの生活におけるリスクに備えるために，(19　　　　)しておく必要がある。(20　　　　)やアプリなどを利用して，計画的な家計管理をすることが大切である。

▶リスクには(21　　　　)で対応することもできる。まずは公的な保険があり，これだけでは心配な場合は，民間企業が扱う保険に加入するとよい。貯蓄したお金だけでは対応できない場合，銀行などからお金を借り入れることを(22　　　　)という。これは借入期間に応じて，支払利息や手数料がついてくるため注意が必要である。近年では，金融や経済に関する知識や判断力といった(23　　　　)を身につけることも求められている。

memo

3 現代の家計の傾向 教p.225

★ **1.** 資料9 を見て，大きな変化がある費目名を記入し，増加・減少のどちらかに○をしよう。

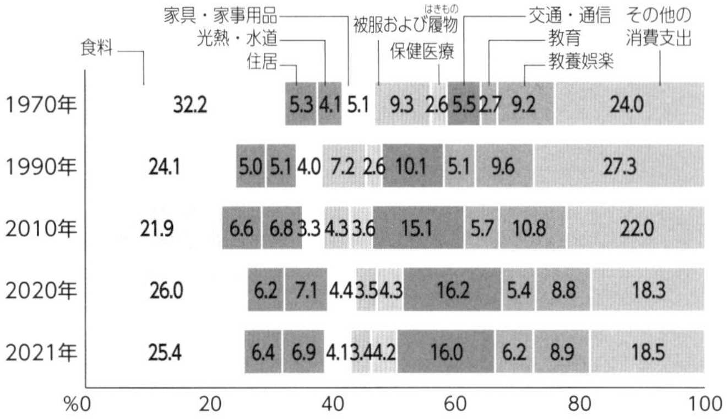

注）二人以上世帯・勤労世帯
総務省統計局「家計調査年報」による

費目名	変化（どちらかに○）
1	増加　減少
2	増加　減少
3	増加　減少
4	増加　減少

★★★ **2.** 資料9 を見て，私たちの消費生活がどのように変化したか，考えてみよう。

5

★★ **3.** 消費支出が28万2000円，食料費が7万1000円の場合，エンゲル係数はいくらか，計算してみよう。（小数第2位以下は四捨五入）

6

★★★ **4.** あなたが1か月に使うお金はいくらか，そのなかで食料費はいくらか，エンゲル係数を計算してみよう。（小数第2位以下は四捨五入）

7

★ **5.** 現代の家計の傾向について，次の傾向を何というか，答えよう。

▶有形の商品よりもサービスへの支出の割合が増加傾向…家計のサービス化
▶消費支出のなかで通信や情報への支出割合が増加傾向…（8　　　　）
▶現金払いではない支払い方法が増える傾向…（9　　　　）
▶家計を一括（いっかつ）で管理せず，世帯の構成員がそれぞれ収入を得て管理する傾向…（10　　　　）

memo

年 組 番 名前 検印

2 将来のライフプランニング

教 p.226 ～ 227

1 人生設計とお金

教 p.226

★★★ **1.** 未来のライフイベントについて，どれくらいの費用がかかるか，大まかに見積もってみよう。

(例)

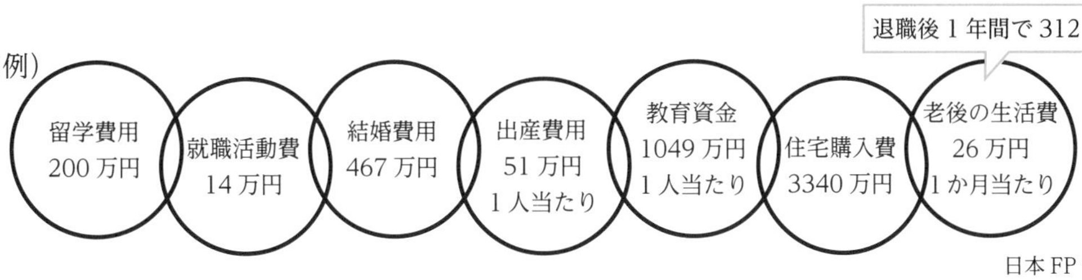

日本 FP 協会 HP による

就職活動費	結婚費用	出産費用（2 人）	教育資金（2 人）	住宅購入費	老後の生活（無職 30 年）	合計
1 万円	2 万円	3 万円	4 万円	5 万円	6 万円	7 万円

2 リスク管理と資産形成

教 p.227

★★★ **1.** 人生においてどんなリスクが考えられるか，あげてみよう。

1

★★ **2.** 金融商品の特徴について，当てはまるものを選択肢から選び，記号で答えよう。

▶普通預金 （2　　）　▶子ども保険 （3　　）　▶債券（さいけん） （4　　）　▶株式 （5　　）
▶投資信託（とうししんたく） （6　　）

ア　国や企業がお金を借りる際に発行するもので，利息を受け取ることができる。価値は変動するが，満期まで保有すれば元本は戻ってくる。
イ　安全でお金の出し入れが自由。金利が低い場合は増えない。
ウ　株式会社が株主に対して発行するもので，配当金が受け取れる。景気により変動し，大きな利益を得る可能性もあるが，購入時より価値が低くなる可能性もある。
エ　子どもの学資金を契約時に決めた時期に受け取れる。親の死亡の際は保険料が免除される。
オ　預けた資金を専門家が効率的に運用してくれる。元本割れの可能性がある。ハイリスク・ハイリターンの商品や安定した収益が得られる商品などさまざまな商品がある。

memo

10 消費・経済

章末Learning »

確認してみよう

1 情報の真偽(しんぎ)や質を分析・評価できるような力を何というか。

2 私たちが商品を選んで買うときの手がかりとなる情報を何というか。

3 法的に守られた「約束」を何というか。

4 商品を売る際，その客に新たな会員として出資させ，その会員がねずみ算式に増えることで利益が得られる商法を何というか。

5 不意打ち的な訪問や勧誘(かんゆう)により契約してしまった場合，一定の期間であれば無条件で契約を解除できる制度を何というか。

6 適正な環境のもとで行われなかった消費者契約について取り消しや無効とすることを定めた法律を何というか。

7 個人の信用を担保(たんぽ)にして，お金を借りたり（消費者金融），代金を後払いできたりすることを何というか。

8 借金返済のために新たな借金を繰り返し，多額の借金を抱えこむことを何というか。

9 消費者保護基本法を改正し，消費者の権利を尊重することが明記された法律を何というか。

10 2009年，主に表示・契約・製品安全に関する消費者行政の一元化をはかる目的で発足した国の機関を何というか。

11 消費者ホットラインのダイヤルは何番か。

12 エネルギーや工業原料として利用されるトウモロコシや木材などの生物体の総称は何か。

13 循環型社会を形成するための基本的枠組みとなる法律を何というか。

14 製品やサービスの環境影響に関する情報を消費者にわかりやすく伝えるためのマークを何というか。

15 リデュース，リユース，リサイクルを合わせた考え方を何というか。

16 国民経済を構成する三者とは，企業と政府（国・地方公共団体）ともう一つは何か。

17 外国の為替(かわせ)市場において，異なる通貨が交換（売買）される際の交換比率を何というか。

18 税金や社会保険料への支出を何というか。

19 預貯金の預入金，借金返済，有価証券購入など，資産の減らない支出を何というか。

20 給与額から社会保険料・税金などを引いた差引支給額（手取り収入）を何というか。

Plus 1 SDGsに向けて

見開き④⑤，p.1 を参考に SDGs に向けて私たちができることについて考えてみよう。

1. ニュースや新聞記事などから，持続可能な社会づくりをめざすうえでの課題を見つけよう。

2. 1. について，SDGs 17 の目標のなかから関連のある目標をいくつかあげてみよう。
（目標の番号を記入しよう）□□□□

3. 1. について，自分たちができる行動をⅠ～Ⅲの点から考えてみよう。

Ⅰ　自分自身の生活を見直す
Ⅱ　持続可能な取り組みをしている生産者・販売者を応援する（その商品やサービスを購入する）
Ⅲ　周囲に呼びかけ協働する

自分たちができる行動

ニュースの内容（記事を貼付してもよい）

生活設計ワークシート

教 p.232 ～ 233

あなたが歩みたい人生は？

1. まずは何歳まで見通すか決めよう！ 30 歳？　50 歳？　100 歳？
2. 決めた年齢までにどのようなライフイベントがあるか，また，その時あなたは何を選択したいか記入しよう。
3. 2. で記入したライフイベント・選択の実現のための生活資源の活用方法や必要な条件を記入しよう。

（例）
18 歳
ライフイベント・選択
栄養士の資格を取得できる短期大学・大学・専門学校に進学する
生活資源の活用方法・必要な条件
進学に必要な情報を集める

＿＿＿ 歳
ライフイベント・選択

生活資源の活用方法・必要な条件

＿＿＿ 歳
ライフイベント・選択

生活資源の活用方法・必要な条件

＿＿＿ 歳
ライフイベント・選択

生活資源の活用方法・必要な条件

＿＿＿ 歳
ライフイベント・選択

生活資源の活用方法・必要な条件

＿＿＿ 歳
ライフイベント・選択

生活資源の活用方法・必要な条件

あなたはどういう働き方をしたいですか？

1. 仕事を選ぶうえで，あなたが大事にしたいことはどのようなことか，□に✓を記入しよう。

- □ 仕事と生活のバランス
- □ 休みがとりやすい
- □ やりがいがある
- □ 安定している
- □ ブラック企業ではない
- □ 人間関係がよい
- □ 人の上に立つ
- □ 知名度がある
- □ 出世する
- □ フルタイム
- □ パートタイム
- □ 自営業やフリーランス
- □ 海外で仕事をする
- □ 残業がない
- □ 転勤で全国を回る
- □ 勤務地は変更したくない
- □ 指図（さしず）されたくない
- □ 自分で起業する

など

左にあげた以外にも大事にしたいことを考えてみよう。

年　組　番　名前　　検印

＿＿＿ 歳
ライフイベント・選択

生活資源の活用方法・
必要な条件

＿＿＿ 歳
ライフイベント・選択

生活資源の活用方法・
必要な条件

歳までの人生

＿＿＿ 歳
ライフイベント・選択

生活資源の活用方法・
必要な条件

＿＿＿ 歳
ライフイベント・選択

生活資源の活用方法・
必要な条件

なぜこのように考えたのか，自分の考えをまとめてみよう。

2. ワーク・ライフ・バランス（仕事と生活の調和）について，ワーク・ライフ・バランスを実現するために必要だと思うことを考えてみよう。

【ワーク・ライフ・バランスに関する希望と現実】

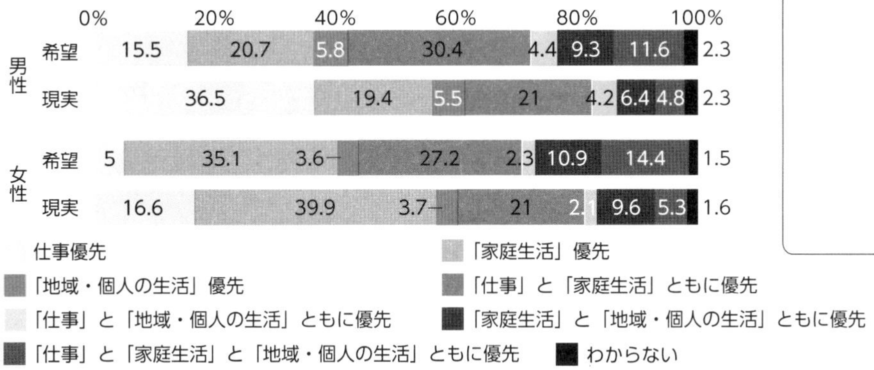

内閣府「男女共同参画社会に関する世論調査」（令和元年９月）により作成

ホームプロジェクトの記録

<table>
<tr><td>題目</td><td colspan="4"></td><td>HP実施 No.
第　　回</td></tr>
<tr><td>目的</td><td></td><td>選択の理由</td><td colspan="3"></td></tr>
<tr><td colspan="2">実施計画</td><td colspan="4">実施状況</td></tr>
<tr><td>月日</td><td></td><td>月日</td><td colspan="3"></td></tr>
<tr><td colspan="2">予定経費　　円
予定所要時間　　日間</td><td colspan="4">所要経費　　円
所要時間　　日間</td></tr>
<tr><td rowspan="2">評価</td><td>私</td><td colspan="3">家族</td><td>先生</td></tr>
<tr><td></td><td colspan="3"></td><td></td></tr>
</table>

年 組 番 名前 検印

振り返りシート

学んだ知識や技術を振り返り，自分の生活につなげよう

第1章 これからの人生について考えてみよう 第2章 自分らしい生き方と家族	第3章 子どもとかかわる
あなたはこの単元の学習を通して，どのようなことができるようになりたいですか？	あなたはこの単元の学習を通して，どのようなことができるようになりたいですか？
自己評価 学んだことを，あなたの生活のどんな場面でどのように活かしますか？	**自己評価** 学んだことを，あなたの生活のどんな場面でどのように活かしますか？
第4章 高齢者とかかわる 第5章 社会とかかわる	**第6章 食生活をつくる**
あなたはこの単元の学習を通して，どのようなことができるようになりたいですか？	あなたはこの単元の学習を通して，どのようなことができるようになりたいですか？
自己評価 学んだことを，あなたの生活のどんな場面でどのように活かしますか？	**自己評価** 学んだことを，あなたの生活のどんな場面でどのように活かしますか？

年	組	番	名前	検印

第７章 衣生活をつくる	第８章 住生活をつくる
あなたはこの単元の学習を通して，どのようなことができるようになりたいですか？	あなたはこの単元の学習を通して，どのようなことができるようになりたいですか？
自己評価　学んだことを，あなたの生活のどんな場面でどのように活かしますか？	**自己評価**　学んだことを，あなたの生活のどんな場面でどのように活かしますか？

第９章 消費行動を考える	第10章 経済的に自立する
あなたはこの単元の学習を通して，どのようなことができるようになりたいですか？	あなたはこの単元の学習を通して，どのようなことができるようになりたいですか？
自己評価　学んだことを，あなたの生活のどんな場面でどのように活かしますか？	**自己評価**　学んだことを，あなたの生活のどんな場面でどのように活かしますか？

視聴覚教材記録用紙

テーマ	学習日　　月　　日	場所
内容・感想		

テーマ	学習日　　月　　日	場所
内容・感想		

テーマ	学習日　　月　　日	場所
内容・感想		

テーマ	学習日　　月　　日	場所
内容・感想		

家庭基礎 気づく力 築く未来 [家基705] 学習ノート 解答編

第1章 これからの人生について考えてみよう

1 自分の未来予想図を描こう～生涯発達と発達課題 (p.6～7)

1 人生を展望しよう

1 1 ライフステージ 2 ライフイベント
3 生涯発達

2 4 入学・卒業, 就職, 結婚, 子どもの誕生, 定年など

3 5 乳幼児 6 学童 7 青年 8 成人・壮年
9 高齢 10 イ, ク 11 オ, サ
12 ウ, カ, コ 13 ア, キ, シ 14 エ, ケ

4 (省略)

2 これからの人生をデザインする (p.7)

1 生活設計

1 1 ライフ・キャリア 2 生活設計
3 なりたい自分
4 PDCA (Plan-Do-Check-Action) サイクル

2 5 家族, 友人, 金銭, さまざまなもの, 時間, 情報, 健康, 習得している技術など, 生活を営むうえで必要不可欠なものである。

第2章 自分らしい生き方と家族

1 自立と共生 (p.8～9)

1 自立とは

1 1 (省略)

2 青年期を生きる

1 1 青年期 2 方向性 3 自立する
4 自分らしさ

2 5 第二次性徴 6 性差 (sex) 7 相手
8 性的欲求 9 葛藤 10 否定的 11 不安

3 12 性と生殖に関する健康・権利
13 リプロダクティブ・ヘルス／ライツ
14 妊娠 15 出産

4 16 レズビアン, ゲイ, バイセクシュアル, トランスジェンダーの略称で, 性の多様性を表す。

3 共に生きる

1 1 育児・介護休業法
2 男女共同参画社会基本法 3 女性活躍推進法

2 4 (例) 男性が家事・育児などにあまり参加できないのは, 職場での理解が足りないために, 定時で帰ることや年次有給休暇を取得することにためらいを感じるからだと思う。男性の家事・育児などへの参加を促すためには, 職場における上司や同僚などの意識改革を進めることが重要と考える。

2 ライフキャリア (p.10～11)

1 仕事をする

1 1 収入 2 生産体系 3 評価 4 人間関係
5 経験 6 能力 7 成長

2 8 雇用者 9 自営業者
10 自由業者 (8～10は順不同) 11 正規雇用
12 非正規雇用 13 テレワーク 14 場所
15 終身雇用 16 年功型

3 17 働き方改革は, 多様な働き方を可能として, 中間層の厚みを増やしつつ, 格差の固定化を回避し, 成長と分配の好循環を実現することを目的としている。働く人の立場・視点からの取り組みとされ, 事業者に対し, 時間外労働 (残業) の上限規制, 年次有給休暇の取得推進, 同一労働同一賃金の取り決めが進められていくことになった。

2 職業労働と家事労働

1 1 有償労働 2 ペイドワーク 3 収入
4 無償労働 5 アンペイドワーク 6 報酬

3 働く人を支える社会

1 1 労働組合法 2 労働基準法
3 労働関係調整法

2 4 (例) 日本の女性の労働力率は, 結婚・出産期に当たる年代にいったん低下し, 育児が落ち着いた時期に再び上昇するという, いわゆるM字型のグラフになっている。
5 (例) 育児休暇制度, テレワーク, 時短勤務などといった, さまざまな働き方を推奨することによって, 育児をしながらでも働き続けることができる環境を整備することが必要だと考える。

4 生活時間を考える

1 1 生理的 2 労働 3 自由

3 共に生きる家族 (p.12～13)

1 家族って何だろう

1 1 家庭 2 世帯 3 グループホーム

2 4 (例) 父, 母, 妹, 犬のジョン, 父方の祖父。なぜなら, 一緒に生活しているから。

2 ライフサイクルと家族

1 1 生育家族 2 創設家族 3 事実婚
4 選択的事実婚

3 高齢期の家族

1 1 親 2 夫婦 3 独身者 4 準備

4 変化していく世帯構成と家庭の機能

1 1 ウ 2 イ 3 ア 4 エ 5 オ

2 6 単独 7 核家族 8 直系家族

5 家族の抱える問題とそのサポート

1　1 児童虐待の防止等に関する法律
　2 配偶者からの暴力の防止及び被害者の保護等に関する法律（DV防止法）
　3 高齢者虐待防止法

2　4（例）家庭内の暴力の徴候を発見した時は，暴力の被害者に，家庭内の暴力に関する情報提供や相談機関を紹介する。児童虐待と思われる事態を発見した時は，すぐに189に電話をする。「子ども食堂」や「無料学習塾」など経済的に困窮している家庭の子どもたちを支援する場所でボランティアとして活動に参加する。

4　家族に関する法律（p.14～15）

1 家族法の理念と背景

1　1 日本国憲法　2 個人の尊厳
　3 両性の本質的平等　4 民法　5「家」制度
　6 家族法

2　7 家　8 個人　9 両性　10 戸主
　11 両性　12 財産管理権　13 夫
　14 平等　15 親権　16 共同親権
　17 家督相続　18 均等相続

2 時代に応じた民法改正

1　1 1/2　2 同等　3 100　4 18　5 16
　6 18

2　7（例）思い入れのある姓を変更したくない，姓が変わるとキャリアが途切れることになるといった不便や不利益に対応するためには，夫婦が望む場合，結婚後も夫婦がそれぞれ結婚前の姓を称することができる選択的夫婦別姓制度は必要であり，早急に導入すべきだと思う。

3 家族に関する法律

1　1 キ　2 ケ　3 ク　4 ア　5 シ　6 エ
　7 オ　8 ス　9 カ　10 コ　11 ウ
　12 サ　13 イ

2　14 1,000万　15 1,000万　16 1,000万
　17 500万　18 500万　19 1,500万
　20 500万

章末Learning 1章．2章（p.16～17）

1 ライフステージ　2 18歳
3 性と生殖に関する健康・権利（リプロダクティブ・ヘルス／ライツ）
4 男女共同参画社会基本法　5 終身雇用制度
6 無償労働（アンペイドワーク）　7 労働三権
8 労働基準法　9 男女雇用機会均等法　10 世帯
11 創設家族　12 事実婚（選択的事実婚）
13 国勢調査　14 児童虐待の防止等に関する法律
15 配偶者からの暴力の防止及び被害者の保護等に関する法律（DV防止法）　16 民法　17 家督相続
18 選択的夫婦別姓制度　19 扶養　20 200万円

Plus 1

（省略）

第3章　子どもとかかわる

1　子どもとは（p.20～21）

1 子どもの誕生

1　1 子どもの成長や発達についての理解，自分を制御する力，生活の経済的基盤の確立，子どもと共感できる豊かな感受性などの子どもを育てていくことができる能力をいう。

2　2 たばこ　3 アルコール　4 薬剤

3　5 母体保護法　6 妊娠22週未満

4　7 排卵　8 受精　9 受精卵　10 着床
　11 基礎体温　12 母子健康手帳

5　13 胎児　14 聴覚　15 36　16 39
　17 月経　18 つわり　19 流産　20 母体
　21 胎動　22 高血圧　23 尿たんぱく

6　24 産じょく期　25 不安定

7　26（例）母親の心とからだの回復を支援するために，家事や育児の負担を軽減するなど，十分に休養がとれるように配慮する。

2 子どもの世界

1
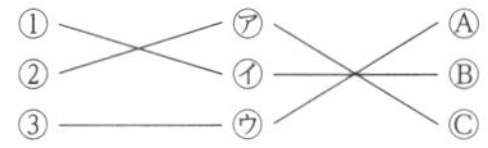

2　1 生理　2 動きたい　3 排せつしたい
　（2・3は順不同）　4 社会
　5 愛情　6 所属　7 成就　8 自立
　9 承認（5～9は順不同）

2　子どもの発達（p.22～25）

1 かかわりのなかの発達

1　1 親密なかかわり　2 気持ち
　3 スキンシップ　4 アタッチメント（愛着）
　5 心の安全基地

2　6 だだこね　7 自我　8 自己主張　9 自立
　10 第一反抗期

3　11（例）時間がかかっても，「自分でやりたかったんだね」と子どもの気持ちを受けとめる。また，まずは子どもに自分でやらせて見守りながら，「ここまで自分でできたね」「手伝ってあげようか」と子どもを認めたり，援助したりする。

2 知的発達（認識の発達）

1　1 子どもが自分の視点から物を見たり考えたりするという，幼児期に典型的に見られる思考の特徴をいう。これは，他人の見方や考え方を理解したり，他人の立場に立って物を考えたりするほど，思考が発達していないために起きる自然な現象である。

3 身体の発育・発達

1　1 新生児　2 乳児　3 幼児

2　4 モロー　5 吸てつ　6 把握

3　7 3,000　8 50　9 2　10 3　11 1.5
12 5　13 2　14 大きい　15 1～2
16 4　17 6　18 400　19 90
20 シナプス結合　21 軟骨　22 硬骨
23 化骨　24 大泉門　25 小泉門
26 狭い産道　27 脳の発達　28 すき間
29 小泉門　30 大泉門　31 円形
32 水平　33 腹式　34 胸腹式　35 歩行
36 わん曲　37 脳　38 20　39 6
40 3　41 5～6　42 噴門　43 噴門部
44 空気　45 多く　46 高い
47 体温調節機能　48 周期　49 黄色
50 1　51 生理的黄だん　52 小児はん
53 発汗作用　54 摂取　55 排せつ
56 減る　57 生理的体重減少　58 無臭
59 黒　60 胎便　61 先天的免疫
62 予防接種

4　63 頭部　64 中心部　65 末端部
66 細かな

5　67 オ　68 イ　69 ア　70 エ　71 ウ
72 ア　73 オ　74 エ　75 イ　76 ウ
77 エ　78 オ　79 ウ　80 ア　81 イ
82 オ　83 ア　84 ウ　85 イ　86 エ

3　子どもの生活 (p.26～27)

1 子どもの生活習慣

1

年齢(歳)	食事	睡眠	排泄	着脱衣	清潔
0～1	ウ	エ			
～2～	ク		オ	ア	イ
～3～		ケ			
～4～	キ				
～5～					
～6～				カ	

2 子どもの生活管理

1　1 母乳栄養　2 人工栄養　3 混合栄養
4 免疫物質　5 離乳　6 間食

2　7 •必要な栄養を合理的に含み，消化・吸収がよい。•免疫物質を多く含むので，病気やアレルギーにかかりにくい。•授乳が簡単で，適温・新鮮・清潔である。•母子間のスキンシップにより，心理的交流が深まる。•母体の産後の回復を促す。
8 •飲んだ分量が正確にわかる。•だれにでも授乳できるため，母親以外の育児参加が可能になる。•場所を選ばず授乳することができる。•母親の母乳不足や，投薬，感染症などの影響がないので，心理的な負担が軽減できる。•母乳に比べて消化吸収に時間がかかり，腹持ちがよい。

3　9 ×　10 ○　11 ×　12 ○　13 ×

4　14 食べ物は小さく切り，食べやすい大きさにしてから与える。
15 入浴後は，浴槽の水を抜き，浴室には外鍵をつける。
16 高温のことがあるので，子どもにふれさせないようにする。
17 窓の近くにベッドやソファなど踏み台になるものを置かない。
18 短時間の乗車であっても，チャイルドシートを必ず使用する。

3 子どもと遊び

1　1 健康の維持・増進　2 運動機能の発達
3 知的能力の発達　4 情緒の発達
5 社会性の発達　6 生活環境の拡大
(1～6は順不同)

2　7 ひとり　8 傍観　9 平行　10 協同

4　子どもをはぐくむ (p.28～29)

1 子どもを育てる意味

1　1 子孫を残し，家族のきずなを強める。
2 文化を継承・発展させ，未来を担う構成員を育てる。

2 親子関係の課題

1　1 1　2 23　3 49　4 短い　5 7
6 34　7 3　8 45　9 長い

2　10 教育力　11 親子関係　12 育児休業

3　13 (例) 政府は，男性の育児休業等の取得に向けた職場風土づくりに取り組み，男性労働者に育児休業等を取得させた事業主に対し支給する「両立支援等助成金(出生時両立支援コース)」を拡充し，男性労働者の育児休業取得前の個別面談など，育児休業取得を後押しする取り組みを実施した場合の加算措置を設けている。

4　14 イ　15 オ　16 ケ　17 ク　18 エ
19 キ

5　20 エ　21 ア　22 イ　23 ウ　24 ウ
25 ア　26 エ　27 イ

6　28 実母　29 実父　30 複数で
31 不明　32 その他 (29, 30は順不同)

7　33 近年，孤独な状況で育児をする母親が増える傾向にある。身近に相談できる人がいない不安を感じたままの育児が続くと，子どもの欲求にこたえる精神的な余裕がなくなり，育児がつらく苦しいものになる。それが時として，不適切な養育態度として現れ，児童虐待につながることがあるから。

5　子どものための社会福祉 (p.30 ～ 31)

1 親子をとりまく環境と支援

1　1 ひとりの女性が15歳から49歳までに生む子どもの数の平均を示したもの。

2　2 児童福祉施設　3 学校教育機関
4 学校および児童福祉施設
5 保育を必要とする子ども　6 希望者
7 3歳未満は保育を必要とする子ども，3歳以上は希望者　8 0～5歳　9 3～5歳
10 0～5歳　11 保育士　12 幼稚園教諭
13 幼稚園教諭，保育士，保育教諭
14 児童福祉法　15 学校教育法
16 認定こども園法　17 こども家庭庁
18 文部科学省
19 こども家庭庁，文部科学省

3　20 労働基準法　21 母子保健法
22 男女雇用機会均等法
23 女性差別撤廃条約　24 育児・介護休業法

4　25（例）相談相手や，短時間子どもを預けられる人が得られず，子育てが孤立化し，負担感が大きくなっている。
26（例）地域子育て支援センターなどの親子が気軽に集える場所を社会的に整備し，開設時間を長くすることで子育てに関する相談をしやすくする環境を整備すると共に，一時預かり事業を拡充することなどによって，子育ての負担感を小さくするなどのサポートが必要である。

5　27 子どもの自発的で社会的な活動を促しながら，豊かな人間関係・社会性・個性・自主性を発達させていくことができること。

2 子どもの権利を考えよう

1　1 児童の権利に関するジュネーブ宣言
2 児童の権利に関する宣言
3 子どもの権利条約（児童の権利に関する条約）
4 自立　5 権利　6 利益　7 児童福祉法
8 児童憲章

章末Learning 3章 (p.32 ～ 33)

1 性感染症　2 母体保護法　3 母子健康手帳
4 アニミズム　5 アタッチメント（愛着）
6 人見知り　7 第一反抗期　8 喃語　9 乳児期
10 把握反射　11 生理的黄だん
12 生理的体重減少　13 免疫物質　14 離乳
15 予防接種　16 協同遊び　17 児童虐待
18 合計特殊出生率　19 認定こども園
20 子どもの権利条約（児童の権利に関する条約）

Plus 1

（省略）

第4章　高齢者とかかわる

1　高齢社会に生きる (p.36 ～ 37)

1 高齢者とは

1　1 老人神話　2 衰退期　3 からだ　4 精神
5 情緒　6 損失　7 余生　8 生涯現役

2　9 高齢者を誤解していたことがわかる。長い人生を生きてきた個人であることが理解できる。人生の先輩から将来の生活や職業に関するアドバイスをもらうこともある。私たち自身を成長させてくれる。　など

2 高齢社会の現状と課題

1　1 高齢化率　2 高齢化社会　3 高齢社会
4 超高齢社会

2　5 2065年には総人口が減少する。85歳以上の高齢者が増加する。生産年齢人口が減少する。など

3　6 126　7 85　8 40　9 61　10 24
11 72

4　12 介護や医療を必要とする期間
13 若い時からの体力づくり生活習慣病などに対する予防　健康管理への取り組み　など

5　14 •ひとり暮らしの高齢者や，夫婦のみで暮らす高齢者世帯が増えている。•世帯の規模が小さくなっている。•過疎化が進み，近所づきあいが少なくなり，手助けできる人が少ない。•社会保障制度を支える体制が弱まっている。
15 •ホームヘルプサービスの充実•ボランティアなどの見守り活動への参加•公共交通機関の整備•若者のUターン就職支援•少子化対策や子育て支援の充実•多世代交流センターの設置•雇用体制の改善　など

2　高齢者を知る (p.38 ～ 39)

1 高齢者の心身の変化

1　1 遺伝　2 生活環境　3 個人差　4 記憶力
5 認知症

2

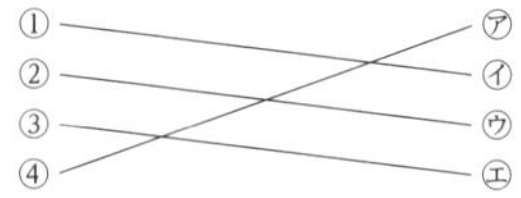

2 高齢者の生活

1　1 祖父母の介護を担う10代の家族のことで，ヤングケアラー・若者ケアラーともいう。
2 学業や交友関係にサポートが必要な状況が出てきており，サポート体制づくりが課題となっている。

2　3 313　4 80　5 減少　6 20~25
7 自己資金　8 計画的

3　9 介護保険制度の要介護認定で自立と判定された人や認定を受けていない人で，身の回りのことが自分でできる状態。

4　10 健康を維持するための活動，生きがいや地域貢献につながるものが多い。

3 高齢者の生活の課題解決に向けて

1　1 老老介護　2 認認介護　3 高齢者虐待　4 高齢者虐待防止法

2　5 在宅で十分介護できるか，心身の負担，自分の時間が使えない，適切なサービスを適切な費用で受けられるのかわからない　など
6 ホームヘルプサービスの充実，カウンセリングの充実，介護保険制度の充実，雇用体制の改善，介護職の雇用体制の改善と人材育成　など

3　高齢者の自立を支える (p.40 ～ 41)

1 高齢者の生活を支える介護

1　1 介護　2 自立　3 主体

2　4 日常生活動作　5 道具を使っての日常生活動作

3　6 Quality of Lifeの略。経済的にも精神的にも質の高い豊かな生活をめざすこと。人間の尊厳というところに「質」の重点を置く。

4　7 2005年6月に改正（2006年4月施行）された介護保険制度に伴い，地域で介護，虐待など幅広い生活問題について相談・助言・サービスへの取りつぎ，介護予防マネジメントなど地域住民からの相談に応じる包括的・総合的な機関である。
8（省略）　9（省略）

5　10 医学的　11 身体動作　12 最小限　13 効率よく　14 無理な負荷　15 安心　16 快適　17 支持基底面　18 重心　19 大きな筋群　20 水平移動　21 小さく　22 手前に引く　23 重心移動　24 ねじらず　25 肩と腰を平行

6　26 手が痛い，抱えるより重く感じる　など
27 手を伸ばして持つよりも軽く感じる，持ちやすい　など
28 バランスを保つことができない　など
29 安定してバランスが保てる　など
30 からだが安定して押しやすい　など

7　31 グリップ　32 ティッピングレバー　33 ハンドリム　34 フットサポート

8　35 認知症を正しく理解し，認知症の人や家族を支援する人。「認知症サポーター養成講座」を受講した「印」であるオレンジリングを身に付けている。
36 3つの「ない」　①驚かせない　②急がせない　③自尊心を傷つけない

4　高齢社会を支えるしくみ (p.42 ～ 43)

1 高齢社会を支えるしくみ

1　1 衣食住　2 移動　3 入浴　4 自立　5 社会全体　6 市区町村　7 40　8 利用者本位

2　9 介護　10 主治医
11 地域包括支援センター
12 介護予防プログラム
13 地域包括支援センター
14 介護予防サービス
15 介護サービス計画（ケアプラン）
16 介護サービス

3　17 介護支援専門員（ケアマネジャー）
18 できる　19 1 ～ 3割

4　20（例）1日のスケジュールがしっかり決められている。健康チェックが行われている。 入浴やレクリエーションがあり，リフレッシュできる。レクリエーションはどんなことをするのだろう。送迎があってよい。食事は個人の要望にどれくらい応じてくれるのだろう。　など

2 これからの介護と課題

1　1 地域包括ケアシステム　2 医療　3 介護　4 住まい　5 地域　6 包括的　7 自立　8 支援
9 生活支援コーディネーター（地域支えあい推進員）　10 地域住民

2　11 218　12 687

3　13 高齢者，障がい者，認知症の人，ひとり暮らしの人，夫婦のみ世帯　など

4　14 生活環境　15 社会参加　16 健康寿命　17 介護予防　18 労働環境　19 労働条件　20 介護ロボット　21 理解　22 支援

5　23 家族の介助などをしている高校生のこと。対象は祖母が47.8%と多く，内容は「家事」や「外出時の介助・つきそい」，「感情面のサポート」など。学校がある日に4時間以上もケアをしている高校生もいる。ヤングケアラーを支援する制度など，国や自治体などでの検討が急がれている。
24（例）まずは，身近にそのような人がいることを知る。話を聞く。勉強に困っていればサポートする。声をかける。リフレッシュに誘う。介護サービスの利用について一緒に考える。地域包括支援センターへ同行する。など

章末Learning 4章 (p.44 ～ 45)

1 高齢化率　2 超高齢社会　3 2025年問題
4 生産年齢人口　5 健康寿命
6 アルツハイマー型認知症
7 若年介護者（ヤングケアラー・若者ケアラー）
8 身辺自立　9 民生委員
10 老老介護　11 認認介護
12 高齢者虐待防止法　13 フレイル

14 ロコモティブシンドローム　15 生活の質
16 地域包括支援センター　17 ボディメカニクス
18 介護保険制度
19 介護支援専門員（ケアマネジャー）
20 地域包括ケアシステム

Plus 1

話し言葉，文字，手話，点字，図や絵，FAX，ICTを使用したメールなど
表情，態度，身振り，手振り，視線，姿勢，服装，声の大小，声の高低，会話の間，距離など
言葉だけでなく，非言語的コミュニケーションからも多くの情報を得ているので注意する。

第5章　社会とかかわる

1　支えあって生きる（p.46～47）

1 福祉とは

1　1 幸せ・幸い　2 子ども　3 大人
4 高齢者　5 多様な性の人　6 障がい者
7 主人公

2　8 国際障害者年（1981年）における完全参加と平等の主張から浸透した考え方。障がいのある人もない人も，だれもがあたりまえに生活できる社会こそ正常（ノーマル）な社会であるという社会の実現をめざそうという考え方。

2 社会保障制度とは

1　1 生活安定・向上機能　2 所得再分配機能
3 経済安定機能（1～3は順不同）

2　4（例）病気の予防・早期発見，健康づくり，生活習慣の見直し，健診への参加　など

3　5 老齢年金　6 障害年金　7 遺族年金
8 リスク　9 申請　10 保険料　11 20
12 10　13 猶予

4　14 健康診断　15 子育て支援
16 在宅サービス　17 老齢年金　18 雇用保険

5　19 社会保障が「機会の平等」の保障だけでなく，国民が自分の可能性を引き出し発揮することを支援し，労働市場，地域社会，家庭への参加を保障するという考え方。
20 単身世帯が増加して家族による支えあいが難しくなったり，労働市場への参加や復帰が困難な人が増えたことなどにより，これまでの制度では対応しきれない状況が生じている。

2　共生社会を生きる（p.48～49）

1 共に生きるとは

1　1 ア　2 ウ　3 エ　4 イ

2　5 認められ，大切にされ，ほめられたり，感謝されたり，信じてもらったりする体験の積み重ね。

3　6 志　7 重ねあわせる　8 目標
9 協力関係　10 性別　11 人種　12 民族
13 国籍　14 障がい

2 地域で支えあう暮らし

1　1 だれでも気軽に参加できる「場」で，気づいたことや思いを語りあい，情報・意見交換ができること。

2　2 地域住民　3 多様　4 我が事　5 人
6 資源　7 世代　8 丸ごと　9 生きがい

3 社会の一員としての私たちの役割

1　1 民間非営利団体　2 国際的　3 非営利
4 非政府　5 自発性　6 自己管理
7 組織性（3～7は順不同）
8 特定非営利活動促進法　9 法人　10 福祉
11 教育　12 資源リサイクル問題

4 ボランティア活動

1　1 自発性　2 社会性　3 公益性
4 無償性（1～4は順不同）

2　5 ひとり暮らしの高齢者が多く，孤立しやすい。学童保育の人手が足りない。　公園にゴミが捨てられている。　など
6 ひとり暮らし高齢者への訪問活動の手伝いをする。放課後，子どもたちの学習のサポートに行く。　公園などの清掃活動に参加する。　など

章末Learning 5章（p.50～51）

1 福祉　2 ノーマライゼーション　3 障害年金
4 国民年金　5 25　6 生活安定・向上機能
7 参加型社会保障（ポジティブ・ウェルフェア）
8 共助　9 公助　10 ダイバーシティ　11 協働
12 ソーシャル・インクルージョン（社会的包摂）
13 地域共生社会　14 自発性　15 NPO
16 ボランティア・センター
17 ユニバーサル・デザイン　18 合理的配慮
19 障害者のための国際シンボルマーク
20 ヘルプマーク

Plus 1

国民年金	厚生年金
自営業者，学生，無職など20歳以上60歳未満のすべての国内在住者	会社員・公務員など
1人　16,540円／月（令和2年度）	月給の18.3%（半分は会社負担）
6.5万円	14.9万円
65歳から繰り上げ受給（60歳から受給すること，減額あり），繰り下げ受給（66歳から70歳までの間に受け取りを開始すること，増額あり）が可能	

第6章　食生活をつくる

1　日本の食文化の形成 (p.54 ～ 55)

1 日本の食文化

1　1 温暖　2 水　3 米　4 稲作文化　5 海　6 漁場　7 魚介　8 海藻　9 魚食文化　10 四季　11 旬　12 微生物　13 みそ　14 しょうゆ

2　15 みりん, 酢, 日本酒, かつおぶし, みそ, しょうゆ　など
16 いずし (北海道), へしこ (福井), くさや (東京・伊豆諸島), いぶりがっこ (秋田), すぐき漬 (京都), 納豆 (茨城), 豆腐よう (沖縄)　など
17 パン, チーズ, ヨーグルト, ワイン, ビール, 生ハム, サラミ　など
18 キムチ (朝鮮半島), ナタデココ (フィリピン), ナンプラー (タイ), ニョクマム (ベトナム), ピクルス (欧米)　など

3　19 本膳料理　20 一汁二菜　21 一汁三菜

4　22 餅, 雑煮, おせち料理　23 七草粥　24 しるこ　25 小豆粥　26 炒った大豆　27 いなりずし, 初午団子　28 雛あられ, 菱餅, 白酒　29 柏餅, ちまき　30 そうめん　31 菊飯, 菊花酒　32 月見だんご, サトイモ　33 カボチャ　34 年越しそば

5　35 東日本は焼いた角餅, 西日本はゆでた丸餅が多い　36 みそ, すまし, あずき　など

6　37 ケの日は日常のことで, ハレは日常とは異なる特別な日のこと。

2 日本の食文化の特徴

1　1 自然　2 食材　3 素材　4 技術　5 道具　6 一汁三菜　7 うま味　8 動物性油脂　9 長寿　10 肥満防止　11 自然　12 四季　13 花　14 葉　15 調度品　16 器　17 季節感　18 時間　19 絆

2　私たちの食生活 (p.56 ～ 57)

1 私の食生活

1　1 エネルギー　2 栄養素　3 朝食　4 15　5 間食　6 スナック菓子　7 ファストフード　8 選ぶ力　9 生活習慣

2　(省略)

2 ライフステージと食生活

1　1 心身　2 食品選択　3 成長　4 運動量　5 貧血　6 食生活　7 摂食障がい

3 今の食卓は？日本の食卓の課題

1　1 食材を購入し, 調理・食事・かたづけをすべて家庭で行うこと。
2 家庭外の飲食店などで食べること。
3 市販の弁当や総菜, 家庭外で調理・加工された食品を家庭や職場・学校などで, そのまま食べることや, これらの食品 (日持ちしない食品) の総称。
4 ひとりで食事をすること。「コ食」には他に, 食卓を一緒に囲んでいても違うものを食べる個食, 子どもだけで食べる子食などがある。

2　5 家族とコミュニケーションがはかれる。楽しく食べられる。規則正しい時間に食べられる。栄養バランスのよい食事ができる。など

4 食を楽しむ

1　1 塩味, 甘味, 酸味, 苦味, うま味　2 視覚, 聴覚, 触覚　3 食器　4 配膳　5 テーブルセッティング　6 装飾　7 照明　8 音楽

3　栄養と食品のかかわり (1) (p.58 ～ 59)

1 食品の栄養素とからだの成分

1　1 栄養素　2 60%　3 たんぱく質　4 脂質　5 ミネラル　6 炭水化物 (3～6は順不同)

2　7 糖質　8 脂質　9 たんぱく質 (7～9は順不同)　10 脂質　11 たんぱく質　12 ミネラル (10～12は順不同)　13 食物繊維　14 脂質　15 たんぱく質　16 ミネラル　17 ビタミン (13～17は順不同)

2 炭水化物とその食品

1　1 糖質　2 50%　3 食物繊維　4 血糖値　5 コレステロール値　6 排便　7 大腸がん

2　8 ぬか漬け, 料理 (クッキー, ハンバーグ, ふりかけなど), 洗顔料, 入浴剤, 肥料　など
9 米店, コイン式精米所, 家庭用精米機を利用する。など

3　10 β　11 糊化　12 水　13 熱　14 α　15 老化　16 β　17 α化　18 再加熱　19 アミロース　20 直鎖状　21 少ない　22 強い　23 アミロペクチン　24 枝分かれ　25 強い

4　26 イ　27 キ　28 ケ (26～28は順不同)　29 エ　30 オ　31 カ (29～31は順不同)　32 ア　33 ウ　34 ク (32～34は順不同)

5　35 水温が高いほど溶けやすい。
36 周囲の水分を吸収する性質がある。なかでも果糖の脱水性が最も強い。
37 砂糖濃度が高くなるほど, 水分含有量は少なくなるので, 細菌などが繁殖しにくい。
38 砂糖とでんぷんが共存すると, 砂糖が水分をうばい, αでんぷんがβでんぷんになりにくい。糖分が多い練りようかんは硬くなりにくい。

39 カラメル，照り焼きなど。

3　栄養と食品のかかわり（2）（p.60 ～ 61）

1 脂質とその食品

1　1 中性脂肪　2 グリセリン　3 脂肪酸
4 リン脂質　5 コレステロール
6 エネルギー源　7 エネルギーを体内に蓄える
8 体温を保持する（6~8は順不同）
9 飽和脂肪酸　10 一価不飽和脂肪酸
11 多価不飽和脂肪酸（9～11は順不同）
12 動物性の脂肪　13 リノール酸
14 α-リノレン酸（13・14は順不同）
15 必須脂肪酸　16 からだの発育
17 健康の保持

2　18 エ　19 ク　20 ケ　21 サ
（19～21は順不同）　22 ス　23 セ
（22・23は順不同）　24 ウ　25 オ
26 タ　27 キ　28 コ（27・28は順不同）
29 シ　30 ア　31 イ（30・31は順不同）
32 カ　33 ソ

3　34 不飽和脂肪酸に水素を付加する過程
35 マーガリンやショートニング

2 たんぱく質とその食品

1　1 構成成分　2 免疫物質　3 20
4 必須アミノ酸　5 毎日食事　6 アミノ酸価
7 植物性食品　8 動物性食品
9 たんぱく質の補足効果

2　10 小麦の第一制限アミノ酸はリシンである。パンと目玉焼きのように小麦にリシンを豊富に含む卵を組み合わせると，小麦のたんぱく質の栄養価を高めることができる。

3　11 リシン　12 不飽和脂肪酸　13 動脈硬化
14 心筋梗塞　15 脂質　16 鉄
17 ビタミンB_1・B_2（15～17は順不同）
18 リン脂質（レシチン）　19 ミネラル
20 畑の肉

4　21 68　22 73　23 ハンバーグ
24 レシチン　25 マヨネーズ　26 泡立ち
27 砂糖　28 メレンゲ
29 スポンジケーキ（28・29は順不同）
30 希釈　31 茶わん蒸し　32 卵豆腐
33 カスタードプディング（31～33は順不同）

3　栄養と食品のかかわり（3）（p.62 ～ 63）

1 ミネラルとその食品

1　1 骨と歯　2 血液　3 牛乳　4 小魚
（3・4は順不同）　5 骨粗鬆症　6 骨と歯
7 卵黄　8 大豆（7・8は順不同）　9 骨・歯
10 酸素　11 二酸化炭素　12 レバー
13 緑黄色野菜　14 貧血　15 浸透圧
16 神経伝達　17 食塩　18 漬け物
（17・18は順不同）　19 筋肉　20 くだもの
21 海　22 筋力低下　23 収縮作用
24 種実類　25 骨・歯　26 ヘモグロビン
27 脳の発育　28 貧血　29 脳障害
30 遺伝子　31 魚介類　32 小麦胚芽
（31・32は順不同）　33 味覚障害

2　34 鉄　35 りん　36 1：1
37 消化吸収率　38 バター　39 チーズ
40 ヨウ素　41 カロテン　42 ビタミンB_2
43 食物繊維

2 ビタミンとその食品

1　1 卵黄　2 夜盲症　3 きのこ　4 くる病
5 種実類　6 歩行不調　7 小麦胚芽
8 血液凝固の不良　9 豚肉　10 脚気
11 レバー　12 壊血病　13 肉
14 皮膚炎　15 口内炎

2　16 ビタミン　17 カリウム（16・17は順不同）
18 食物繊維　19 低エネルギー
20 カロテン　21 緑黄色野菜　22 淡色野菜
（21・22は順不同）　23 くだもの
24 プロビタミンD_2（エルゴステロール）
25 ビタミンB_2　26 グアニル酸

3 その他の食品

1　1 幼児　2 妊産婦　3 通常の食生活
4 栄養成分　5 補給　6 補完　7 安全性
8 機能性　9 血圧　10 コレステロール
11 生理学的機能

4　食品の選び方と安全（p.64 ～ 65）

1 食品の選び方

1　1 食品表示法　2 品質表示　3 名称
4 原産地　5 名称　6 内容量　7 保存方法

2　8 えび・かに・くるみ・小麦・そば・卵・乳・落花生（ピーナッツ）

3　9 ア　10 エ（9・10は順不同）　11 イ
12 ウ（11・12は順不同）

4　13 誇大広告　14 地域特産品　15 自然環境
16 水産資源　17 水産物

2 食品を保存する

1　1 水分　2 発酵微生物　3 チーズ　4 納豆
5 防腐　6 殺菌　7 水　8 塩ざけ　9 水
10 ジャム　11 酸性　12 ピクルス

3 食品の衛生と安全

1　1 新鮮　2 消費期限　3 温度管理
4 詰め過ぎ　5 手を隅々まで洗う
6 洗浄・消毒　7 加熱　8 室温　9 捨てる
10 再加熱

2　11 甘味料　12 サッカリン
13 アスパルテーム　14 キシリトール
(12～14は順不同)　15 清涼飲料水
16 着色料　17 タール系色素
18 クチナシ色素(17・18は順不同)　19 菓子
20 漬け物(19・20は順不同)　21 保存料
22 ソルビン酸　23 安息香酸Na
(22・23は順不同)　24 ハム
25 酸化防止剤　26 エリソルビン酸
27 魚肉製品　28 防かび剤　29 OPP
30 TBZ(29・30は順不同)　31 レモン
32 バナナ　33 オレンジ(31～33は順不同)
34 漂白剤　35 亜硫酸ナトリウム
36 かんぴょう

3　37 (例) サラダチキン：鶏肉, 塩, 難消化性デキストリン, 植物性たん白, ゼラチン, 香辛料, 発色剤　他

5　食事の計画と調理 (p.66 ～ 71)

1 食事摂取基準と食品摂取量のめやす

1　1 個人　2 集団　3 維持　4 増進
5 生活習慣病の予防　6 BMI

2～4　(省略)

2 家族の食事計画

1　1 葉酸　2 鉄　3 カルシウム
4 たんぱく質(1～4は順不同)　5 塩分
6 香辛料(5・6は順不同)　7 酒　8 うす味
9 間食　10 動物性脂肪　11 塩分
12 野菜類　13 たんぱく質　14 鉄
15 カルシウム　16 食物繊維
(13～16は順不同)　17 うす味

2

エネルギー	たんぱく質	カルシウム	鉄	ビタミンA	ビタミンC
188.3	6.79	18.2	0.35	0	0
35	0.03	0.75	0.005	26	0
1.5	0.15	1.5	0	0	0
30.5	1.65	55	0.01	19	0.5
25.5	0.5	13	0.15	2	35.5
280.8	9.12	88.45	0.515	47	36
767	18	217	3.5	217	33
37	51	41	15	22	109

3

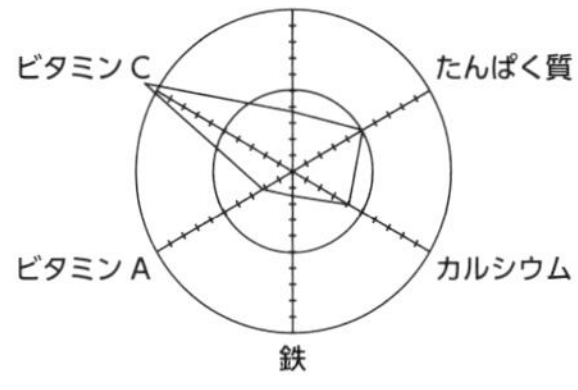

4　18 0.6～1.0　19 1.0～2.0　20 15～16
21 6～13　22 6～7　23 10

5　24 高　25 短　26 ビタミン　27 油
28 200～230　29 野菜炒め　30 きんぴら
(29・30は順不同)　31 高　32 短
33 水分　34 油　35 150～200
36 から揚げ　37 天ぷら(36・37は順不同)
38 香り　39 火力　40 150～250
41 焼き魚　42 ハンバーグ(41・42は順不同)
43 調味液　44 うま味　45 100
46 肉じゃが　47 おでん(46・47は順不同)
48 軟化　49 たんぱく質　50 色
51 不要成分　52 100　53 ゆで卵
54 粉ふきいも(53・54は順不同)
55 水分　56 振動　57 短　58 100
59 解凍　60 温め(59・60は順不同)
61 加熱　62 85～100　63茶わん蒸し

6　64 飯　65 みそ汁
66 ほうれん草のごまあえ　67 野菜の煮物
68 魚のさしみ

7　69 食品群別摂取量のめやす　70 家族全員
71 年齢　72 性別　73 生活条件
74 切り方　75 調理法　76 食品　77 旬
78 安価　79 時間　80 労力　81 能率
82 地域　83 エネルギー　84 適量
85 食物アレルギー　86 生もの

8　87 祖父母のために和食にする。煮物を入れる。カルシウムを多くする。　88 魚の煮物
89 季節の野菜のあえ物, 豆腐のすまし汁
90 魚の味をうすくするので, 炊きこみご飯にする
91 きのこの炊きこみご飯, 豆腐のすまし汁, 魚の煮物, かぼちゃの煮物, キャベツとしらすの酢の物

3 調理の準備から後かたづけまで

1　1献立作成　2廃棄率　3 在庫品　4 購入
5 身じたく　6 用具　7 計量　8 洗う
9 切る　10 加熱　11 調味
(7～11は順不同)　12 盛りつけ　13 配膳
(12・13は順不同)　14 食事

2　15 0.15　16 6g　17 34g

3　18 つめ　19 石けん　20 洗う
21 冷蔵庫　22 同じ面　23 豚肉
24 鶏肉　25 熱湯　26 漂白剤

4　27 輪切り　28 小口切り　29 いちょう切り
30 乱切り　31 ささがき　32 ななめ切り
33 たんざく切り　34 せん切り
35 みじん切り　36 そぎ切り

5　37 5　38 15　39 200　40 6　41 18
42 230　43 6　44 18　45 240
46 3　47 9　48 130　49 3　50 9

51 110　52 4　53 12　54 180

6　55 さ：砂糖　し：塩　す：酢　せ：しょうゆ　そ：みそ　砂糖は分子が大きく，しみこむのに時間がかかるので，分子が小さい塩より前に加える。酢，しょうゆ，みそは加熱で風味がとばないように後から加える。

7　56 イ　57 カ　58 エ　59 ウ　60 ア　61 オ

6　これからの食生活を考える (p.72～73)

1 日本の食料はどこから

1　1 高度経済成長期以降，食生活の欧米化が進み，自給率の高い米を食べる量が減り，飼料資源を必要とする畜産物や油脂類の需要が拡大したため。農耕地の工業用地や住宅用地への転用や，農業や水産業従事者の減少も拍車をかけてきた。

2　2 国外　3 不安定　4 輸出国
5 鳥インフルエンザ　6 BSE　7 地球温暖化
8 バイオエタノール　9 穀物

3　10 食料や畜産物を輸入する消費国が，自国でそれらを生産すると仮定した時に必要となる水の量を推定したもの。

4　11 旬　12 地元　13 ごはん　14野菜
15 食べ残し　16 参加　17 応援
18 •旬の食材を日々の食事に取り入れる。•旬の食材のよさを再認識する。•地元の食材について調べる。•直売所を調べて行ってみる。•和食を心がける。•近海の魚や野菜を多くとる。•食べる分だけつくる。•好き嫌いをしない。　など

2 食の安全と環境への配慮

1　1 廃棄物量の増大，焼却処理による大気汚染，埋め立て処分場からの浸出水による水質汚染など。

2　2 内閣府　3 科学的
4 食べても安全かどうか　5 食中毒

3　6 輸出農産物に，輸送中に発生する害虫やかびを防ぐために，収穫後に農薬を散布すること。

4　7 地産地消　8 輸送　9 二酸化炭素
10 旬　11 出盛り期　12 食品ロス
13 エネルギー資源　14 持続可能な社会
15 購入　16 保存　17 調理
18 ごみ処理　19 環境保全

5　20 5

6　21 買いすぎ　22 調理方法がわからない
23 長持ちしない保存方法
24 贈答品が好みでない（21～24は順不同）
25 好き嫌い　26 料理に失敗
27 つくりすぎ（25～27は順不同）
28 調理技術の不足

章末Learning 6章 (p.80～81)

1 本膳料理　2 郷土料理　3 2013年12月
4 摂食障がい　5 生活習慣病　6 孤食
7 グルタミン酸　8 5大栄養素　9 アミロース
10 グルテン　11 必須脂肪酸
12 たんぱく質の補足効果　13 鉄
14 水溶性ビタミン　15 食事摂取基準
16 食料自給力
17 バーチャル・ウォーター（仮想水）
18 ポストハーベスト　19 フード・マイレージ
20 地産地消

Plus 1

(例) 5歳の誕生日・祖母の家で・炊きこみご飯
(例) 運動会の後・家族と・ファミリーレストラン
(例) 試合で負けた日・友だちと・コンビニスイーツ

(以下省略)

第7章　衣生活をつくる

1　人と衣服のかかわり (p.84～85)

1 人と衣服

1　1 身体保護　2 装飾　3 紐衣

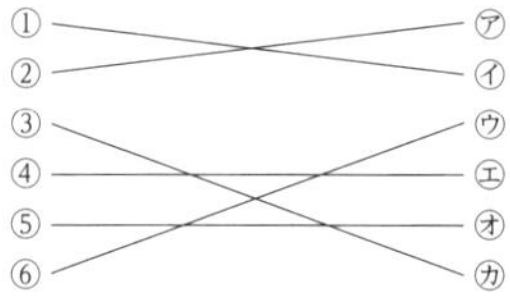

2　4（例）中国：チャイナドレス，インド：サリー，ベトナム：アオザイ　など

2 衣服の機能

1　1 保健衛生的な役割　2 体温調節
3 皮膚の清潔　4 身体活動への適応
5 身体防護（2～5は順不同）

2　6 衣服を着ると，からだと衣服の間に空気層（衣服気候）ができる。重ね着をすると空気層が増え，熱通過率が低くなり暖かくなる。

3　7 汗をよく吸う（吸水），すぐ乾く（速乾），洗濯しやすい，種目に適した伸縮性がある・ない，紫外線防止　など
8 洗濯しやすい，着やすい，丈夫，夏は涼しく冬は暖かい　など
9 洗濯しやすい，パジャマでは摩擦が少ない　など

4　10 Time（時）　11 Place（場所）
12 Occasion（場合）

3 快適な衣服

1　1 空気層　2 衣服圧　3 風合い

2　4 ユニバーサル・デザイン

3　5（省略）

4 衣服の安全性

1　1エ　2オ　3イ　4ア　5ク　6ケ

7 カ　8 ウ　9 キ

2　10 白内障などで火が見えにくい。高齢により判断力が低下する。コンロの向こうの物をとろうとして，そでに燃え移る。など
11 コンロの向こうに調味料などを置かない。防炎加工のアームカバーやエプロンをつける。そでの広がった服で調理をしない。など

2　衣服の素材の種類と特徴（p.86 ～ 89）

1 衣服素材の種類

1　1 植物　2 綿　3 綿花　4 麻　5 亜麻
6 冷感　7 吸湿性　8 しわ　9 動物
10 毛　11 羊　12 保温性　13 絹
14 蚕　15 光沢　16 吸湿性　17 虫害

2　18 再生　19 半合成　20 セルロース
21 レーヨン　22 アセテート　23 光沢
24ぬれる　25 合成　26 石油
27 ナイロン　28 アクリル　29 毛
30 伸縮性　31 しわ　32 乾き　33 熱

3　34 織物　35 三原組織　36 平織
37 綾織　38 朱子織　39 編物
40 よこメリヤス　41 たてメリヤス
42 不織布　43 安価　44 芯地
45 マスク　46 おしぼり　47 ティーバッグ

2 衣服素材の性能

1　1 ウ　2 エ　3 イ　4 ア　5 カ　6 オ
7 キ

2　8 不感蒸泄　9 600　10 皮膚表面

3 衣服素材の改善

1
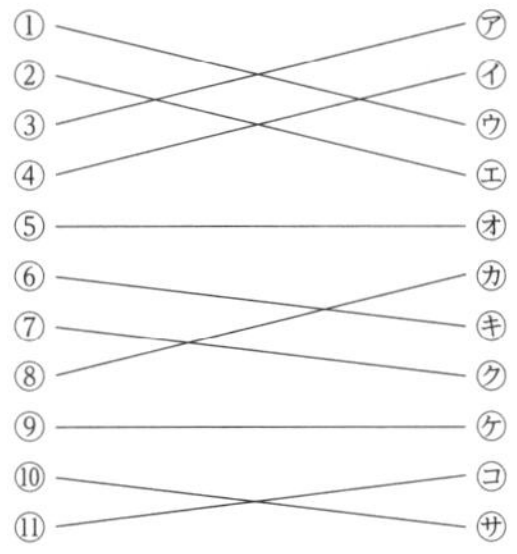

2　1（省略）

3　2 はっ水　3 W&W　4 形態安定
5 プリーツ　6 吸湿発熱　7 防炎
8 吸汗速乾　9 消臭

3　衣服の選択から管理まで（p.90 ～ 91）

1 衣生活の計画と衣服の購入

1　1 デザイン　2 サイズ　3 仕立て方
4 えり　5 そで　6 ボタン　7 ファスナー
(4~7は順不同)　8 購入　9 価格　10 手入れ
11 性能　12 保温　13 通気　14 吸湿
15 吸水（12～15は順不同）

2　16 家庭用品品質表示法　17 取扱い表示
18 原産国　19 品質保証マーク
20 デメリット

3　21 ○　22 漂白剤は使えない。　23 ○
24 ドライクリーニング禁止。　25 150℃まで。

2 衣服の手入れ

1　1 洗剤と水　2 水溶性　3 有機溶剤
4 油性

2　5 汗　6 尿（5・6は順不同）　7 しょうゆ
8 皮脂　9 化粧品（8・9は順不同）　10 油脂

3　11 イ，ウ，カ　12 ア，エ，オ

4　13 少ない　14 先　15 濃い
16 洗濯ネット　17 ファスナー　18 裏返す
19 えり　20 そで口　21 しみ
（19～21は順不同）　22 部分洗い
23 酵素配合洗剤　24 漬けておく

5　25 青い光　26 白色　27 生成り
28 淡色　29 蛍光剤無配合

4　持続可能な衣生活をつくる（p.92 ～ 93）

1 衣生活と資源・エネルギー

1　1 生産から消費・廃棄まで　2 国連
3 持続可能な開発目標（SDGs）　4 循環型社会

2　5 水資源　6 エネルギー　7 繊維くず

3　8 •衣服はすぐ捨てず，できるだけ長く着る。•着られなくなった衣服をリメイク・アップサイクルしてバッグをつくる。•洗濯時の洗剤などは適量を使い，すすぎの水を使いすぎない，排水の汚染を抑える。•洗剤は詰め替え用を買うようにする。

4　9 エシカル　10 倫理的な　11 地球環境
12 フェアトレード　13 障がい者支援
14 寄付

5　15（例）エシカルファッションは，「環境を破壊しない」「労働者から搾取しない」といったエシカル消費の考え方に配慮して生産されたファッションの総称で，有名ブランドから量販店までが，人と環境に配慮した取り組みを実践している。

6　16 ケミカルリサイクル

7　17（例）洗濯・クリーニングずみで提供する。破れやほつれがないか確認する。など

8　18 エコメイトマーク　19 エコマーク

9　20（例）エコメイトマークは今まで見たことがないので，どうリサイクルに出すのか調べようと思う。エコマークは「ちきゅうにやさしい」のとおり，環境配慮に協力できていると感じ，うれしく思う。など

2 国際化する衣生活

1　1 ファストファッション　2 フェアトレード

2　3（例）とにかく安い。劣悪な環境下で働く人たちに申し訳ないなと思う。買うことで支援になるのでは，と思って購入する。など
4（例）2ユーロでは利益出ないよね，と思って寄付する。バイト代が入る前で自分も苦しいけど，苦しい時はお互いさまと思う。知らなかった，びっくりした，と戸惑いながら今できることはこれかなと思う。など

5　衣服の構造・デザイン（p.94～95）

1 立体構成・平面構成

1　1 立体構成　2 平面構成
2　3 後ろ身ごろ　4 前身ごろ　5 そで
6 えり　7 そで　8 前身ごろ
9 後ろ身ごろ　10 おくみ

2 衣服のデザインの要素

1　1 着用目的　2 形　3 素材　4 色　5 柄
（2～5は順不同）　6 着装
2　7（省略）

3 衣服管理に必要な技術

1　1 カ　2 オ　3 ウ　4 ク　5 ケ　6 キ
7 エ　8 ア　9 イ
2
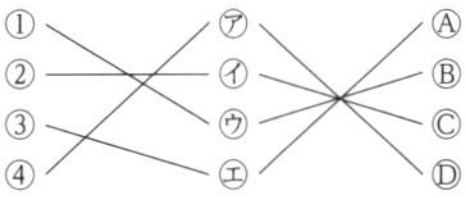

章末Learning 7章（p.100～101）

1 民族服　2 保健衛生的な役割　3 衣服気候
4 Person（だれと）　5 ユニバーサル・デザイン
6 安全性
7 石油資源の枯渇や廃棄時の環境問題など
8 織物　9 不感蒸泄　10 スマートテキスタイル
11 家庭用品品質表示法　12 取扱い表示
13 界面活性剤　14 漂白　15 エシカル消費
16 持続可能な開発目標（SDGs）
17 ケミカルリサイクル　18 フェアトレード
19 平面構成　20 柄

Plus 1

○○さん，○○さん，○○さん
（例）明るいグリーンが，明るい笑顔の○○さんに似合って元気な印象を与えている。
（例）白　清潔感があって落ち着く。
（例）色で表情が違って見えたりして驚いた。自分に似合って，着ていく場所や季節に合う色を考えて服選びを楽しみたいと思った。

第8章　住生活をつくる

1　人間と住まい（p.104）

1 住まいの機能

1　1 避難・保護　2 自然災害　3 風雨寒暑
4 社会的ストレス　5 家庭生活
6 育児・子育て　7 家庭看護　8 個人発達
9 休養　10 仕事・学習
2　11 欠陥住宅やホームレスなど

2 気候風土と住まい

1　1 気候　2 建築材料　3 外観　4 間取り
5 住生活　6 家族関係
2　7 エ　8 ウ　9 イ　10 カ　11 オ
12 ア
3　13 海洋性　14 季節風　15 高温
16 多湿　17 四季　18 木材
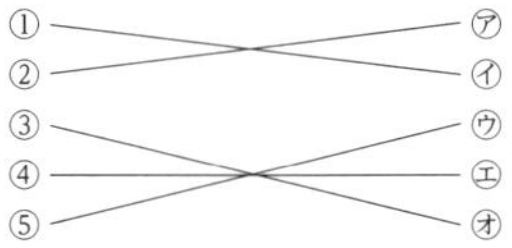

2　住まいの文化（p.105）

1 日本の住まい

1　1 縁側　2 障子
2
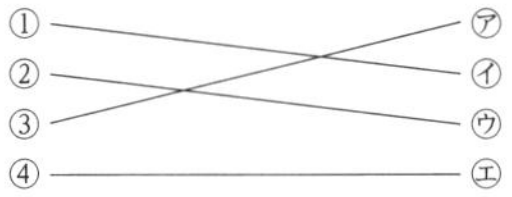

2 生活様式と住まい

1　1 くつろぎ，落ち着きが得られる　自由な姿勢がとれる
2 立ち座りや作業がしやすい　脚部の負担が軽い
3 脚部を圧迫する　立ち座りがしにくい
4 家具の費用負担・家具を置く空間が必要

3　住まいを計画する（p.106～107）

1 ライフステージと住まい

1　1 南向きで日当たりのいい部屋　風呂・トイレあり　駅に近い
2 ゆとりのあるキッチン・リビング
3 一軒家　各自に個室あり　近くに保育所や学校がある
4 交通の便がよい　病院が近くにある
5 バリアフリー住宅
2　6 部屋の増減，バリアフリー改修，模様替え，住み替え　など
3　7 玄関
8 感染症予防のため，洗面台をつくって，帰宅したらすぐに手洗い・うがいができるようにする。
9 自分の部屋　リビング

10 オンライン学習もできる勉強部屋にする。通信環境を整え，家族に気兼ねなく在宅勤務ができるスペースをつくる。

4　11 シェアハウス同様に血縁のない他人同士の共同住宅だが，それぞれが独立した専用の住居スペースを持っている。みんなで使う共用スペースがあり，生活の一部を共同化した合理的な住まいのこと。年齢や家族人数など多様な共同体で助けあい・支えあいが生まれ，豊かな人間関係が形成される。

2 生活行為と住まい

1　1 個人　2 就寝　3 学習　4 共同生活　5 家庭生活　6 家事　7 動線　8 生理衛生　9プライバシー

2　10 公私室分離

3　11 (例) ものがありすぎて，収納しきれない。どこに何があるかわからない。不要の判断がつかない。　など

4　12 自宅に所有しなくてすむ，買うより安いものもある
13 だれがどのように利用したか不明，レンタルは返却期日がある

3 平面図を理解する

1　1 シ　2 イ　3 オ　4 ア　5 カ　6 ク　7 コ　8 サ　9 ス　10 ウ　11 キ　12 セ　13 エ　14 ケ

2　15 (例) 共働き夫婦と20代の子どもの３人暮らし。ホワイエルームをホーム・オフィスとして活用している。洋室 (1) を夫婦の部屋，洋室 (2) を子どもの部屋として使用している。

3　16 (省略)

4　健康に配慮した快適な室内環境 (p.108 ～ 109)

1 健康に配慮した快適な室内環境

1　1 オ　2 イ　3 エ　4 ア　5 ウ

2　6 光は生体リズムとも関連が深く，健康的な生活に欠かせない。日射をとりこむと熱も取得できるので，冬の昼間には暖房の代わりとなり省エネルギーにもなる。

3　7 •家のひさしやすだれ，室内ではカーテンやブラインドで調整する。•窓の外に木や植物を植える。ゴーヤなどの緑のカーテン。　など

4　8 気密性　9 通風　10 換気　11 二酸化炭素　12 水分　13 汚染　14 2か所　15 自然　16 換気扇　17 機械

5　18 給気口が閉じられていては給気ができず，換気扇を回しても排気が十分に行われないことがあるので注意が必要である。

6　19
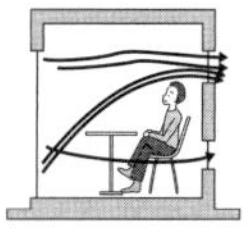
20
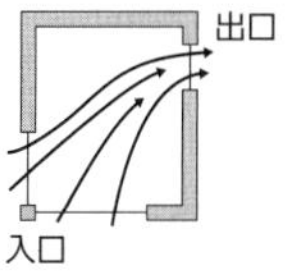

21

22
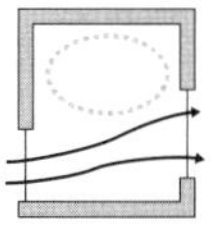

7　23 健康被害 (アレルギーなど) につながるかびやだに，ほこりの発生を防ぐことができる。

8　24 高齢者は暑さ寒さを感じにくくなるので，適切な温度に細かく調整する必要がある。

9　25 (例) 扇風機やサーキュレーターなどで室内の気流を循環させる。ひざ掛けやレッグウォーマーなど，防寒グッズを活用する。など

10　26 ヒートショック

11　27 (省略)

2 住居の維持・管理

1　1 耐震性　2 断熱性能　3 省エネルギー性　4 バリアフリー性
5 火災安全の性能 (1～5は順不同)

2　6 (例) カーテン，エアコン　など

5　安全な住まい (p.110 ～ 111)

1 安全な住まい

1　1 地震　2 水害　3 火山　4 命　5 少なく　6 備え　7 情報　8 知識　9 対策

2　10 木造住宅で火災の危険地域であり，液状化の地盤だった。災害が大きいと避難所が頼りになる。家族と連絡手段を確認した。など

3　11 (例) マスク，消毒薬，体温計　など

4　12 自ら　13 家族　14 家具転倒　15 備蓄　16 ボランティア　17 地域　18 助けあい　19 防災活動　20 行政　21 避難所

5　22 (例) 日常備蓄は，災害に備えて特別な準備をするのではなく，ふだん使っているものを常に少し多めに用意しておくこと。備蓄品の種類や量は，家族構成や家族状況によって異なり，まずは３日分を目標に備蓄を進める。ローリングストックは，日常備蓄を，消費期限を確認しながら消費し，消費した分を買い足していくことにより，常に一定の量を備蓄しておく方法。

6　23 火災に気づかない逃げ遅れを防ぐことができる。

7　24 見通し　25 防犯性能　26 コミュニケーション

8　27 溺水　28 転倒　29 転落

2 だれもが快適に住まう

1　1 近づきやすさやアクセスのしやすさのことであり，利用しやすさ，交通の便のよさなどの意味を含む。

2　2 高齢者，障害者等の移動等の円滑化の促進に関する法律

3　3（例）駅のエレベーター…車いすやベビーカーを使用している人，高齢者などだれにとっても移動しやすく安全。

4　4（例）• 宅配ボックス（非接触での買い物が可能になる）• 玄関近くの洗面台，バキュームクリーナー（感染症予防のための手洗い，花粉症対策）• 通信環境（在宅勤務，オンライン学習）• 広さ（在宅の仕事スペース，勉強スペース，家族個々の居場所）など

6　持続可能な住まいづくり (p.112 ～ 113)

1 住宅政策と住まいの課題

1　1 量的不足　　2 質的不足

2　3（例）「小さい，狭い」といわれる日本の住宅の居住面積水準の達成率は，民営借家・子育て世帯では半数に満たず，最低居住面積水準では大都市圏でも満たしていない世帯もある。日本は欧米諸国に比べ，持ち家と借家の住宅床面積の差が大きく，住宅価格は最も高い。

3　4 ウ　　5 ア　　6 イ　　7 オ　　8 エ

4　9（例）居住者にとって，どのような家が「質」がいいといえるのか，各自がイメージを持てることや，空き家を具体的に活用できるように手続きなどを整備することが必要で，住宅地の魅力の向上には住民の意識も大切である。
10（省略）

5　11 大規模災害による住宅被害，欠陥住宅，老朽化したマンションや空き家，住まいの貧困（ハウジングプア）　など

2 これからの住まい

1　（省略）

2　1 ネット・ゼロ・エネルギー・ハウス（ZEH）
2 アクティブデザイン　　3 パッシブデザイン

3
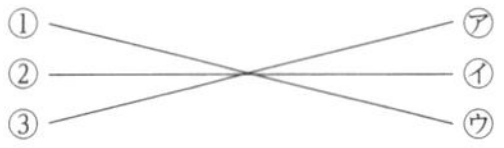

4　4（省略）

章末Learning 8章 (p.114 ～ 115)

1 個人発達の場　　2 伝統的な木造住宅
3 簡易間仕切り　　4 食寝分離　　5 室礼
6 シェアハウス　　7 動線　　8 平面図　　9 日照
10 換気　　11 結露　　12 ヒートショック
13 ハザード・マップ　　14 自助
15 住宅用火災警報器　　16 アクセシビリティ
17 バリアフリー新法　　18 最低居住面積水準
19 住宅セーフティネット法
20 ネット・ゼロ・エネルギー・ハウス（ZEH）

Plus 1

（例）家族が集まり一緒に楽しめる広めのリビングと個室がある。
（例）家族が共有する場所（キッチン，トイレなど）の動線が，こみあわずに移動できる。
（例）キッチン，洗面所，トイレ，風呂場などが衛生的・安全である，収納スペースが十分ある。
（例）在宅勤務やオンライン学習などに対応できる通信設備があり，家族で同時利用可能な通信容量が十分ある。
（例）季節や年中行事の飾りつけなどができるよう，棚や壁にゆとりのスペースがある。
（例）災害時に自宅避難が可能な備えをしておく。草花やハーブ，ミニ野菜などを育てられるベランダや庭がある。

第9章　消費行動を考える

1　消費行動と意思決定 (p.118 ～ 119)

1 消費行動と意思決定

1　1 購入　　2 サービス　　3 高校生
4 大量生産　　5 大量販売（4・5は順不同）

2　6 商品の安全性や表示問題，販売方法や契約問題，資源・エネルギー問題や環境・公害問題など

3　7 必要
8 価格・機能，安全・品質，取り扱い方，アフターサービス，資源・環境問題への対応など
9 各通信会社のショップ，通信販売，大型電気店など　　10 予算

4　（省略）

2 情報社会での適切な選択

1　1 商品の表示，商品の広告・宣伝やニュース（雑誌，新聞，テレビ，ラジオ，インターネット，店頭での説明など），衣食住にわたる幅広い知識・経験，消費者からの苦情相談事例（国民生活センター，消費生活センター），商品テスト情報（消費者，市民団体）　など

2　2 商品に関する情報源を確かめ，情報の真偽や質を分析・評価できるような，情報を読み解く力。

3　3（例）やせる，背が伸びる，肌や髪が美しくなるなどの広告。

2　消費生活の現状と課題 (p.120 ～ 123)

1 「買う」ことは「契約」

1　1法的　　2 意思　　3 口約束　　4 押印
5 裁判　　6 履行

2　7 申し込み→承諾→支払いをしてから商品の引き渡し・役務（サービス）の実施となり，時間的な

差があるため。

2 多様化する販売方法

1 1 通信販売, 訪問販売, 電話勧誘販売など
2 2 ケ　3 カ　4 ウ　5 ク　6 キ　7 ア　8 イ　9 エ　10 オ
3 11 (例) • 無料オンラインゲームで遊んでいたら有料部分があり, 高額な請求が来た。• サイトを表示させただけで請求が来た。• 1回「お試し」のつもりでサプリメントを注文したら定期購入になっていた。など

3 適切な契約

1 1 民法　2 特定商取引法　3 消費者契約法
2 ✓を記入するもの:店や営業所での契約ではない, 通信販売ではない, 3000円以上の契約, クーリング・オフ期間内, 個人間の取引ではない
4 キャッチセールスでクーリング・オフ期間内のため, 全10品のうち, 未開封の商品に限ってクーリング・オフ(無条件解約)できる。開封した化粧品についてはクーリング・オフできない。
✓を記入するもの:店や営業所での契約ではない, 通信販売ではない, 3000円以上の契約, 個人間の取引ではない, 指定商品を使っていない
5 クーリング・オフできない。消費者契約法による「監禁」の理由に該当する。
3 6 ○年5月15日　7 鍋セットS
8 30,000円　9 家庭株式会社
10 (例) ○年5月20日　※契約日を含め8日以内
11 実教子　12 信販会社　13 コピー
14 特定記録郵便または簡易書留
4 15 不実告知　16 断定的判断
17 不利益事実の不告知　18 不退去　19 監禁
20 経験不足　21 判断力の低下　22 霊感
5 23 任意整理　24 調停による整理
25 個人再生手続き
26 自己破産 (23~26は順不同)

4 支払い方法の多様化と消費者信用

1 1 現金, プリペイドカード, クレジットカード, デビットカード, スマートフォンの電子マネー決済, スマートフォンのQR決済, カードのポイント, 暗号資産(仮想通貨)　など
2 2 担保　3 販売信用　4 消費者金融
5 利息
3 6 信用情報機関　7 提示　8 売上げ票
9 相当額の支払い　10 請求書　11 代金
12 加盟店　13 売買　14 会員
4 15 現金を持たずに手軽に買い物ができるため, 制限なく買い物ができ, 歯どめが効きにくい。インターネット上で支払う場合, なりすましや乗っ取りが起こる危険がある。

3 消費者の権利と責任 (p.124~125)

1 消費者の権利を守るために

1 1 消費者問題　2 連携・団結　3 消費者運動
4 国民生活センター　5 消費者庁
2 6 エ　7 ア　8 イ　9 オ　10 ウ

2 これからの消費者

1 1 消費者ホットライン　2 188
3 消費生活センター　4 消費者団体訴訟制度
5 国民生活センター
2 6 エ　7 ウ　8 カ　9 イ　10 オ
11 ア
3 12 イ　13 ア　14 オ　15 エ　16 ウ
4 17 (例) 自ら進んで必要な知識の習得や情報の収集に努める。さらに, 日ごろから商品の安全性や取引の公正さに関心を持ち, 環境などの社会的価値に配慮して消費行動をする。

4 ライフスタイルと環境 (p.126~129)

1 持続可能な社会づくり

1 1 レジ袋, ストロー, マドラー, ペットボトル, キャップ, ラップ, 食品用トレー, バケツ, 食品ボトル, 洗剤ボトル, 包装フィルム, 衣類の繊維など
2 2 温室効果ガス　3 気候システム
4 化石燃料
3 5 • 海面上昇の他, 熱波や大雨などの異常気象が増えると考えられる。　• 洪水被害や高潮の頻度が増大することや熱中症が急増すると予測されている。
4 6 太陽光, 風力, バイオマスなどの再生可能エネルギーへの転換, 工場やオフィス, 家庭における省エネ, バスや電車などの公共交通機関の使用, ハイブリッドカーや電気自動車への買い替え, シェアリングエコノミー, 環境マークのついた製品の購入, グリーンカーテンや屋上の緑化　など
5 7 自然界で短期間に繰り返し補給されるエネルギー源のため, 枯渇しない。二酸化炭素を増加させない。
8 現在はコストが高い。発電量が不安定。

2 循環型社会をめざして

1 1 大量消費　2 大量廃棄 (1・2は順不同)
3 循環型社会形成推進基本法　4 3R
5 拡大生産者責任
2 6 循環型社会形成推進基本法　7 廃棄物処理法
8 資源有効利用促進法　9 グリーン購入法
10 容器包装　11 家電　12 食品
13 建設　14 自動車
15 小型家電 (10~15は順不同)
3 16 リデュース　17 リユース

18 リサイクル　19 リフューズ　20 リペア
21 マイボトルを持参する。ベビーカーや介護用ベッドはレンタルする。
22 リユースびんを使った飲料を購入し，店に空きびんを返却する。着なくなった衣類をリユースショップに買い取ってもらう。
23 缶やペットボトルをリサイクルごみに出す。携帯電話やゲーム機をリサイクルごみに出す。
24 お弁当を買った時についてくるはしを断る。過剰包装を断る。
25 ボタンがとれても，つけ直して着る。　破れた袋などを繕って利用する。

3 持続可能なライフスタイル

1　(省略)
2　1 (例) マイボトルを持ち歩く。使い捨て容器を使わないようにする。食品ロスを減らす。省エネのためにカーテンを利用し，エアコン設定温度を見直す。環境マークのついた製品を購入する。　など
3　2 (例) 海外の環境整備 (地雷の撤去，森林再生) のために寄付をする。自治体と共に放置された里山を企業がボランティアで再生する。　など
4　3 イ　4 オ　5 カ　6 ア　7 エ　8 ウ　9 コ　10 ケ　11 サ　12 キ　13 シ　14 ク
5　15 多様性　16 社会経済情勢　17 地球環境　18 公正　19 持続可能

第10章　経済的に自立する

1　暮らしと経済 (p.130 ～ 132)

1 家計と経済のかかわり

1　1 消費　2 労働力　3 世代　4 生産　5 税　6 公共事業　7 福祉　8 安全　9 税　10 物資　11 金 (10・11は順不同)
2　12 家計　13 企業　14 国民経済　15 為替相場 (為替レート)　16 物価　17 円高　18 円安　19 経済のグローバル化
3　20 海外の物を安く買うことができる。海外旅行に有利に行くことができる。
21 •輸入業者は安く仕入れることができ，有利である。•輸出業者は販売価格が高くなり売れなくなるため，不利である。(インバウンド (訪日外国人旅行) が減るため，その分において，観光，交通，小売，メーカー業などは不利である。)

2 生活に必要な費用と管理

1　1 実収入　2 給料　3 事業収入　4 祝い金　5 見舞金　6 預貯金の引き出し　7 有価証券　8 消費支出　9 非消費支出　10 勤労所得税　11 社会保険料　12 実支出以外の支出　13 預貯金の預入金
2　14 非消費支出　15 可処分所得　16 実支出以外の支出　17 実収入以外の収入
3　18 黒　19 貯蓄　20 家計簿　21 保険　22 負債　23 金融リテラシー

3 現代の家計の傾向

1　1 食料　2 交通・通信　3 教育　4 被服および履物

増加	(減少)
(増加)	減少
(増加)	減少
増加	(減少)

2　5 生活が豊かになって食料の優先度が低くなり，学習塾や習いごとなど子どもにかけるお金が増えた。また，インターネットや携帯電話が普及し，生活に欠かせないものとなった。
3　6 71,000 ÷ 282,000 × 100 = 25.177……⇒25.2
4　7 (例) 3,750 ÷ 4,200 × 100 = 89.285……⇒89.3
5　8 家計の情報化　9 キャッシュレス化　10 家計の個人化

2　将来のライフプランニング (p.133)

1 人生設計とお金

1　1 14　2 467　3 102　4 2098　5 3340　6 9360　7 15,381

2 リスク管理と資産形成

1　1 (例) 交通事故，病気，離婚，失業，家族の死　など
2　2 イ　3 エ　4 ア　5 ウ　6 オ

章末Learning 9章・10章 (p.134 ～ 135)

1 情報リテラシー　2 生活情報 (消費者情報)
3 契約　4 マルチ商法　5 クーリング・オフ制度
6 消費者契約法　7 消費者信用　8 多重債務
9 消費者基本法　10 消費者庁　11 188
12 バイオマス　13 循環型社会形成推進基本法
14 環境ラベル　15 3R　16 家計
17 為替相場 (為替レート)　18 非消費支出
19 実支出以外の支出　20 可処分所得

Plus 1

(省略)